Cognitive Finance

Heinz-Werner Rapp · Alfons Cortés

Cognitive Finance

Neue Sicht auf Wirtschaft und Finanzmärkte

Heinz-Werner Rapp
FERI Cognitive Finance Institute
Bad Homburg, Deutschland

Alfons Cortés
Unifinanz Trust reg.
Vaduz, Liechtenstein

ISBN 978-3-658-18642-5   ISBN 978-3-658-18643-2   (eBook)
DOI 10.1007/978-3-658-18643-2

Die Deutsche Nationalbibliothek verzeichnet diese Publikation in der Deutschen Nationalbibliografie; detaillierte bibliografische Daten sind im Internet über http://dnb.d-nb.de abrufbar.

Vorbemerkung

"We need to take cognition seriously." (W. Brian Arthur, 2000)

Trotz vielfältiger wissenschaftlicher Erklärungsversuche, sophistischer Markttheorien und ambitionierter Modelle sind viele Grundeigenschaften realer Kapitalmärkte noch immer schwer verständlich, oftmals mysteriös und auf Grundlage bestehender Paradigmen nicht wirklich erklärbar. Dennoch sind Kapitalmärkte noch immer das, was sie im Grunde immer waren: Komplexe Systeme mit hohem Grad an endogener Dynamik, getrieben von einer Vielzahl heterogener Marktteilnehmer mit unvollständiger Information und beschränkter Rationalität.

Um die Ursachen dieser Komplexität und Dynamik zu verstehen bedarf es einer Analyse, die bewusst neue Wege beschreitet. Neue Erkenntnisse zum Verständnis realer Kapitalmärkte sind nur auf Grundlage einer systematischen Erforschung menschlicher Verhaltens- weisen möglich. Die vielversprechendsten Ansätze dazu liegen aus heutiger Sicht im Bereich der Psychologie und der modernen Kognitionswissenschaften. Diese erforschen typische Verhaltensweisen realer Marktteilnehmer auf der Grundlage ihrer kognitiven Fähigkeiten, psychosomatischen Dispositionen und neurologischen Strukturen.

Die vorliegende Arbeit stellt diesen Ansatz in den Vordergrund und entwickelt daraus – unter dem Begriff "Cognitive Finance" – ein neues analytisches und methodisches Konzept zur Erklärung realer Kapitalmärkte.

Dr. Heinz-Werner Rapp   Alfons Cortés

Inhaltsverzeichnis

Abstract

Der derzeitige Stand von Wissenschaft, Forschung und Erkenntnis im Bereich realer Kapitalmärkte ist wenig ermutigend. Diverse schwere Marktkrisen haben in den letzten Jahren das tradierte, oft dogmatisch verwendete Bild „effizienter" Kapitalmärkte schwer erschüttert. Nach einer Phase der wissenschaftlichen Selbstgefälligkeit, definiert durch das Paradigma der sogenannten „**Markteffizienz-Hypothese**", durchläuft die Disziplin nun eine Phase der Ernüchterung. Diese wurde – zu Recht – ausgelöst und verstärkt von den spektakulären Auswirkungen der großen Finanzmarkt-Krise ab 2009, die vom vorherrschenden Paradigma in keiner Weise erklärt oder gar prognostiziert werden konnten.

Die innere Zerrissenheit der wissenschaftlichen Diskussion zeigt sich explizit anhand der Nobelpreis-Verleihung 2013: In jenem Jahr erhielten mit Eugene F. Fama und Robert J. Shiller zwei Vertreter diametral entgegengesetzter Denkschulen der Kapitalmarktforschung gleichzeitig den Nobelpreis für Wirtschaft.[1] Dieser widersprüchliche Vorgang belegt eindrucksvoll, dass der heutige Stand der Wirtschafts- und Kapitalmarktforschung in einer paradoxen Denkblockade – oder sogar einer intellektuellen Krise – gefangen und folglich dringend erneuerungsbedürftig ist. W. Brian Arthur (1994), einer der derzeit führenden Komplexitätsforscher, beklagt: „*The story of the sciences in the twentieth century is one of a steady loss of certainty.*"[2]

Neue Ansätze dazu sind vorhanden, speziell im Bereich der Informations- und der Verhaltensökonomie. Diese werden jedoch oftmals nur isoliert betrachtet oder, mit der Arroganz des „traditionellen" Paradigmas, ohne nähere Prüfung verworfen.

---

[1]Vgl. Jansen (2013). unternehmen/haben-fama-und-shiller-zurecht-den-nobelpreis-bekommen-a-928.599.html.

[2]Arthur (1994), Certainty, S. 1.

© Springer Fachmedien Wiesbaden GmbH 2017
H.-W. Rapp und A. Cortés, *Cognitive Finance*,
DOI 10.1007/978-3-658-18643-2_1

Noch weitergehende, radikalere Ansätze zur Erklärung menschlichen Verhaltens und menschlicher Informations- und Entscheidungsmechanismen finden sich im Bereich der Psychologie, der Biologie und der Neurowissenschaften.

All diese Erklärungsansätze leiden jedoch unter einem generellen Problem: Sie entstammen anderen Fachdisziplinen als die klassische Wirtschaftswissenschaft, die seit langem stark mathematisch und mechanistisch geprägt und für alternative Denkschulen deshalb nur begrenzt zugänglich ist.

▶ Um dieses bizarre Verständigungs-Problem zu lösen, wird eine offene und interdisziplinäre Herangehensweise benötigt. Nur so kann das Erklärungspotential neuartiger Erkenntnisse, Modelle und Hypothesen objektiv und damit zielführend überprüft werden. Die vorliegende Arbeit versucht, sich dieser Aufgabe zu stellen und die entsprechende Fachdiskussion zu beleben.

Die Arbeit untersucht deshalb zunächst im zweiten Kapitel Vorgeschichte und Genese des traditionellen Kapitalmarkt-Paradigmas. Ein Schwerpunkt liegt auf den zahlreichen Verfälschungen, Vereinfachungen und Verzerrungen, die bereits in dessen Frühphase feststellbar sind. Im dritten Kapitel entwickelt das Buch eine erweiterte Sicht realer Kapitalmärkte, die zu deutlichen Korrekturen der orthodoxen Sichtweise führt. Im Anschluss geht die Arbeit im vierten Kapitel der Frage nach, welcher Erkenntnisfortschritt durch Einbeziehung verhaltenswissenschaftlicher Analysen erzielt werden kann. Diese Diskussion führt direkt zum neuen Forschungsbereich der sogenannten Verhaltensökonomik („Behavioral Finance"), einschließlich einer kritischen Würdigung von Möglichkeiten und Grenzen dieser Sichtweise.

Im fünften Kapitel öffnet das Buch alternative und vielfach sehr radikale Wege zum Verständnis menschlicher Verhaltensweisen. Dazu werden neueste Ergebnisse der kognitiven Neurowissenschaft diskutiert und in den Kontext moderner Kapitalmarktforschung integriert.

Anschließend versucht die Arbeit im sechsten Kapitel aufzuzeigen, wie auf Grundlage modernster interdisziplinärer Forschungsergebnisse ein neues Grundverständnis realitätsnaher Wirtschafts- und Kapitalmarktforschung entwickelt werden könnte. Zu diesem Zweck wird das neue Konzept der **„Cognitive Finance"** eingeführt und in seinen zentralen Grundelementen definiert.

Im siebten und letzten Kapitel folgen ein konstruktiver Ausblick sowie ein Verweis auf weitere relevante Forschungsansätze.

Literatur

Arthur, W. B. (1994; Certainty), The End Of Certainty In Economics, in: Einstein Meets
   Magritte, D. Aerts, J. Broekaert E. Mathijs, eds. 1999, Kluwer Academic Publishers,
   Holland, S. 1–6, reprinted in: Clippinger, J.H., The Biology of Business, ed., 1999,
   Jossey-Bass Publishers.
Jansen, H. (2013; Nobelpreis), Zwei Meinungen, ein Nobelpreis, unter: http://www.spiegel.
   de/wirtschaft/unternehmen/haben-fama-und-shiller-zurecht-den-nobelpreis-bekommen-
   a-928599.html, letzter Abruf: 05.05.2017.

Kapitalmarkttheorie und Markteffizienz-Hypothese – Überfälliger Paradigmenwechsel

2

2.1 Die Ursprünge der Kapitalmarktforschung (50er Jahre)

Das Grundkonzept der modernen Kapitalmarkttheorie entstand in den 50er und 60er Jahren des vorigen Jahrhunderts. Diese ist geprägt durch bahnbrechende Arbeiten von Markowitz (1952), Tobin (1958), Mandelbrot (1963), Sharpe (1964), Cootner (1964), Fama (1965) und anderen.[1] Diese frühen Vertreter der modernen Kapitalmarktforschung untersuchten erstmals eingehend die Preisbildung, die Preisentwicklung und das intertemporale Preisverhalten an realen Kapitalmärkten. Sowohl Fama als auch Sharpe nutzten dabei umfassende Datenbestände und fortschrittliche statistische Analyseverfahren.

Die Resultate dieser ersten umfangreichen statistischen Auswertungen waren interessant und aufschlussreich. Sie wurden prägend für eine ganze Generation nachfolgender Analytiker und Wissenschaftler. Stellvertretend für andere steht die Aussage von Godfrey et al. (1964), wonach Renditeverläufe am Kapitalmarkt am besten als „Zufallspfad" („Random Walk") erklärbar sind: *„The random-walk hypothesis is put forward as an explanation of speculative price changes."*[2]

Wichtige Anmerkungen aus dieser früheren Phase der systematischen Kapitalmarktforschung sind jedoch heute weniger bekannt. Sie wurden in der späteren

---

[1]Vgl. Markowitz (1952), Portfolio; Tobin (1958), Liquidity; Mandelbrot (1963), Variation; Sharpe (1964), Prices; Fama (1965), Behavior. Eine geschlossene Darstellung maßgeblicher Arbeiten dieser Zeit findet sich bei Cootner (1964), Random.

[2]Godfrey et al. (1964), Random-Walk, S. 6. Malkiel (1973), Walk, widmet dieser These sogar ein ganzes Buch.

© Springer Fachmedien Wiesbaden GmbH 2017
H.-W. Rapp und A. Cortés, *Cognitive Finance*,
DOI 10.1007/978-3-658-18643-2_2

Phase der „mathematisch-statistischen Rationalisierung" schlicht übersehen, aus Bequemlichkeit ignoriert oder aus Prinzip unterdrückt.[3] Dazu zählen etwa die Feststellung, dass reale Renditen nicht normalverteilt sind, reale Renditeverteilungen eine ausgeprägte „Fat Tail"-Eigenschaft aufweisen und demzufolge auch die Random Walk-These für reale Renditeprozesse nicht zutreffend ist.

2.2   Die Markteffizienz-Hypothese (70er Jahre)

Die grundlegenden Forschungen der 50er und 60er Jahre des 20. Jahrhunderts öffneten den Weg zu einer neuen Sichtweise der Kapitalmärkte. Im Einklang mit zeitgleich forcierten Gleichgewichtsmodellen der Wirtschaftswissenschaften wurden Märkte, darunter auch Kapitalmärkte, prinzipiell als Garanten einer optimalen Ressourcenallokation interpretiert.[4] Charakteristisch dafür war die Sichtweise der sogenannten „Chicago School", die von Milton Friedman und später insbesondere Eugene F. Fama vertreten wurde.

In den Augen der „Chicago School" waren Märkte innerhalb eines gleichgewichtsorientierten Wirtschaftsmodells lediglich „Black Box"-Mechanismen. Diese bilden durch Aggregation individueller Partikular-Informationen quasi „automatisch" adäquate Preise und garantieren so stets den bestmöglichen Ausgleich von Angebot und Nachfrage. Dieses – aus heutiger Sicht leicht utopistisch wirkende – Verständnis führte zu wichtigen Schlussfolgerungen für die Kapitalmarkttheorie: Unter der Hypothese, dass Kapitalmärkte vorhandene und neue Informationen stets umgehend und vollständig verarbeiten, konnte diesen Märkten die Eigenschaft der „Informations-Effizienz" zugebilligt werden.

Dieses neue Bild wurde speziell von Eugene F. Fama vertreten und durch zahlreiche Arbeiten verfestigt.[5] Es führte direkt zur Entstehung und Formulierung des zentralen und bis heute maßgeblichen Paradigmas der sogenannten **modernen Kapitalmarkttheorie.**[6] Es ermöglichte und unterstützte auch die zeitgleich

---

[3]Vgl. dazu grundlegend: Mandelbrot (1963), Variation, S. 393; Fama (1965), Behavior, S. 99, sowie auch Godfrey et al. (1964), Random-Walk, S. 12.

[4]Vgl. dazu etwa: Arrow und Debreu (1954), Equilibrium. Die Mehrzahl dieser Sichtweisen basiert wiederum auf den Axiomen des sogenannten „Walras-Gleichgewichts".

[5]Vgl. Fama (1970), Efficient. Trotz erkennbarer Widersprüche, Mängel und Erklärungsdefizite wurden 2013 die Arbeiten von Fama mit dem Nobelpreis für Wirtschaft gewürdigt.

[6]Vgl. Fama (1976), Finance.

stattfindende „Mathematisierung" der Kapitalmarktforschung. Diese unterstellte mehrfach, der Risiken durchaus bewusst, unrealistische Annahmen zu realen Marktgegebenheiten, stets zugunsten mathematisch eleganter Erklärungs- und Prognosemodelle. Dazu zählte insbesondere die Annahme stetiger und normalverteilter Renditeverläufe (sogenannte „Random Walk"-Eigenschaft), die in den früheren Arbeiten der 50er und 60er Jahre meist widerlegt wurde. Letztlich folgte jedoch die Kapitalmarktforschung mit ihrem Hang zur „Mathematisierung" zu dieser Zeit nur dem generellen Trend der Wirtschaftswissenschaften.

Der Komplexitätsforscher W. Brian Arthur (2013) beklagt heute: *„And so economics early in its history took a simpler approach, one more amenable to mathematical analysis."*[7]

2.3   Das alte Paradigma und seine Widersprüche

Aufbauend auf der Grundlage der modernen Kapitalmarkttheorie entstand das Kapitalmarkt-Paradigma der **„Modern Portfolio Theory",** das durch Arbeiten von Sharpe (1964) entwickelt und entscheidend geprägt wurde.[8] Als Teil dieses Paradigmas wurden rein quantitative Konstrukte und statistische Risiko-Kennzahlen als gesicherte Grundlagen und „Glaubensbekenntnisse" moderner Kapitalanlage etabliert. Ein Hauptvorteil dieser Vorgehensweise war, aus Sicht ihrer Vertreter, dass damit mathematisch-elegant auch die grundlegenden Arbeiten von Markowitz (1952) zur optimalen Portfolio-Diversifikation integriert werden konnten. Die „Modern Portfolio Theory" basiert u. a. auf der These der Informationseffizienz, der Random Walk-Annahme, der Möglichkeit optimaler Diversifikation sowie anderer Grundelemente einer stark „mathematisch" geprägten Theoriebildung.

Bei genauer Analyse ihrer Entstehungsgeschichte zeigt sich, dass die „Moderne Kapitalmarkttheorie" von Beginn an durch zahlreiche Schwächen und fragwürdige Annahmen gekennzeichnet war. Diese wurden im späteren Verlauf der Forschung in einer reichhaltigen **„Anomalien-Diskussion"** offengelegt und

---

[7]Arthur (2013), Complexity, S. 2. Dort weiter: „This equilibrium shortcut was a natural way to examine patterns in the economy and render them open to mathematical analysis." Und weiter S. 3: „It lives in a Platonic world of order, stasis, knowableness, and perfection."

[8]Vgl. Sharpe (1964), Prices.

teilweise scharf kritisiert.[9] Ernüchtert stellt bereits Friend (1977) fest: *„Theory has become increasingly sophisticated and perhaps increasingly divorced from reality."*[10]

Dennoch blieb diese Kritik überwiegend innerhalb der Grenzen des Paradigmas. Nachweisliche Mängel, Widersprüche und Unvereinbarkeiten wurden lediglich als „Fehlspezifikationen" des ursprünglichen Konzepts interpretiert, also als unbedeutende und leicht korrigierbare Fehler zweiter Ordnung. Das Paradigma als Ganzes wurde jedoch nicht infrage gestellt.

Diese **mangelnde Kritikfähigkeit** kann durch die Wissenschaftstheorie im Sinne von Thomas Kuhn erklärt werden. Wie Kuhn (1979) in einer grundlegenden Arbeit zeigt, ähneln wissenschaftliche Paradigmen einem religiösen Glaubensbekenntnis, das von seinen Anhängern selbst dann noch vertreten und verteidigt wird, wenn es durch überwältigende Kritik und gegenteilige Evidenz eigentlich schon klar widerlegt wurde.[11]

Grundlegende Fragen, methodische Änderungen und das Beschreiten neuer Wege sind nach Ansicht von Kuhn (1979) innerhalb eines etablierten Paradigmas nicht möglich und werden oft sogar bewusst unterdrückt. Dies hat zur Folge, dass erst ein radikaler Bruch – ein echter **Paradigmenwechsel** – neues Denken ermöglicht und den Weg zu kreativeren Sichtweisen öffnet: *„In the midst of a paradigm collision, the scientific community bifurcates."*[12] Kuhn (1979) weist allerdings zu Recht darauf hin, dass der Weg von einer solchen „Spaltung" hin zu einem grundlegenden Paradigmenwechsel oft sehr langwierig und extrem frustrierend sein kann.[13]

Auch das lange Zeit populäre, insbesondere durch Arbeiten von Muth (1961) und Lucas (1978) begründete Konzept eines „homo oeconomicus", der stets auf Basis rationaler Erwartungen und vollständiger Information handelt und dabei einem strengen Prinzip der Nutzenmaximierung folgt, war prägend für die moderne Kapitalmarkttheorie und deren **„Effizienz-Hypothesen".**[14] Diese

---

[9]Vgl. u. a. Jensen (1978), Evidence; Dimson (1988), Anomalies; Rapp (1993), Kapitalmärkte. Sehr gute überblickartige Darstellungen finden sich bei: Guimaraes et al. (1989), Reappraisal; sowie später bei Oehler (1992), „Anomalien".

[10]Friend (1977), Developments, S. 103.

[11]Vgl. Kuhn (1979), Revolutionen.

[12]Hagstrom (2013), Investing, S. 34.

[13]Vgl. Kuhn (1979), Revolutionen, S. 65–146.

[14]Vgl. dazu ausführlich: Muth (1961), Expectations, Lucas (1981), Prices (Lucas erhielt für seine Theorie 1995 den Nobelpreis für Wirtschaftswissenschaften), Hellwig (1982), Expectations, Kirchgässner (1991) Oeconomicus.

Axiome stehen jedoch in der gleichen Tradition einer extrem theoretischen und damit zunehmend unrealistischen Sicht von Kapitalmärkten und dort agierenden Individuen; sie wurden deshalb in den letzten Jahren sukzessive widerlegt oder verworfen.[15]

Die grundlegenden Schwächen der „**Modernen Kapitalmarkttheorie**" liegen jedoch noch tiefer: So fällt auf, dass bereits in den frühen Jahren des vorigen Jahrhunderts eine reichhaltige und tiefgründige Denkschule zu Fragen der Kapitalmarktforschung existierte. Beispielhaft sei auf Arbeiten von Morgenstern, Hayek, Keynes und anderen verwiesen, die Wirtschaftssubjekte als soziale Wesen mit begrenzter kognitiver Fähigkeit betrachteten, und ihre Handlungen an Kapitalmärkten dementsprechend als **soziale und reflexive Interaktion**.[16]

Insbesondere Morgenstern – analog später auch Keynes und Hayek – machten deutlich, dass Kapitalmärkte und die entsprechenden Marktprozesse als Ergebnisse sozialer Interaktion – spezifisch: **antizipativ-adaptiven Verhaltens** – zu deuten sind. Morgenstern – ähnlich aber auch Keynes – beziehen sich hier bereits explizit auf das Problem individueller Handlungen im Rahmen einer rekursiven Reflexivität, das erst 70 Jahre später von „neuen" wissenschaftlichen Ansätzen „wiederentdeckt" und angemessen gewürdigt wird.[17] Morgenstern (1935) bemerkt dazu: „*Die wichtigsten und letztlich entscheidenden Elemente dieser Art sind die individuellen Verhaltensakte... [...]. Das vorausschauende Individuum muss also nicht nur genau den Einfluss seines eigenen Handelns auf die Preise kennen, sondern auch den aller anderen Individuen und den seines eigenen zukünftigen Verhaltens auf das der anderen...*".[18] Morgenstern (1935) folgert weiter: „*Immer liegt eine unendliche Kette von wechselseitig vermuteten Reaktionen und Gegenreaktionen vor. Diese Kette kann niemals durch einen Akt der Erkenntnis, sondern immer nur durch einen Willkürakt, durch einen Entschluss abgebrochen werden.*"[19] Morgenstern, Keynes und Hayek entstammen einer Zeit,

---

[15]Vgl. dazu ausführlich unten, Kap. 4–6.

[16]Vgl. dazu: Morgenstern (1935), Voraussicht, Hayek (1952), Sensory, Keynes (1936), Theorie.

[17]Vgl. dazu die Ansätze der Verhaltensökonomie, der kognitiven Neurowissenschaften sowie der Komplexitätsforschung. Eine eingehende Darstellung und Diskussion dazu folgt unten, Kap. 4–6.

[18]Morgenstern (1935), Voraussicht, S. 342. In ähnlicher Weise äußert sich bekanntlich später auch Keynes in seinem berühmten Beispiel vom Kapitalmarkt als „Schönheitswettbewerb"; vgl. Keynes (1936), Theorie, S. 131–133.

[19]Morgenstern (1935), Voraussicht, S. 344.

in der Wirtschaftswissenschaften noch als Teil der Sozialwissenschaften verstanden wurden. Hierin liegt ein entscheidender Vorteil: Die spätere „Rationalisierung" und „Mathematisierung" der Wirtschaftswissenschaft – mit fragwürdigen Konstrukten wie der These rationaler Erwartungen, strenger Nutzenmaximierung und perfekter Information aller Wirtschaftssubjekte – war zu dieser Zeit noch völlig undenkbar, was einen klareren Blick auf die Realitäten ermöglichte.

Aus diesen Einsichten folgt, dass die Analyse realer Marktprozesse nur anhand sozialwissenschaftlicher oder sogar spieltheoretischer Methodik sinnvoll sein kann. Diese **„anthropologisch-soziologische" Sichtweise** wurde jedoch erst sehr viel später „wiederentdeckt", insbesondere durch Arbeiten von Shiller (1984).[20] Sie ist prägend für den neueren Ansatz der Verhaltensökonomie, die sogenannte **„Behavioral Finance";** sie findet sich jedoch erneut als Grundthese auch im neuen Feld der kognitiven Neurowissenschaften sowie der Komplexitätsforschung.[21]

2.4   Austrian School und Technische Analyse

Das Jahr 1871 wird als Beginn moderner ökonomischer Theorien angesehen. In diesem Jahr erschienen Stanley Jevons Theory of Political Economy und Carl Mengers Grundsätze der Nationalökonomie. Neben Léon Walras und Stanley Jevons ist Carl Menger einer der Väter der marginalistischen Revolution in der Nationalökonomie sowie gleichzeitig der Begründer der **Austrian School of Economics.**[22] Spitznagel (2013) fasst deren Grundzüge wie folgt zusammen: *„The Austrian School was one of ontology, dealing with human action itself...".*[23]

Für Menger war eine Wirtschaftstheorie ohne Berücksichtigung der Wissensproblematik der Akteure undenkbar. Mit der Ableitung der **Verhaltensmuster** der Marktteilnehmer aus der Evolution der Preise begründet Menger schließlich seine subjektive Wertlehre, die die Wertschätzung als Folge des geistigen Aktes der Handelnden einführte. Diesen Bestandteil der österreichischen Schule hat einer ihrer wichtigsten Vertreter, Ludwig Lachmann, mit folgenden Worten zum

---

[20]Vgl. Shiller (1984), Dynamics. Eine sehr gute Gesamtschau dazu findet sich bei: Adler und Adler (1984), Dynamics.

[21]Vgl. dazu ausführlich unten, Kap. 4–6.

[22]Mises, ein Schüler von Menger, gilt mit seinem „Opus Magnum" ebenfalls als einflussreicher Vertreter der Austrian School of Economics; vgl. Mises (1949), Human.

[23]Spitznagel (2013), Austrian, S. 101.

Ausdruck gebracht: *„Der Wert eines Gutes liegt in seiner Beziehung zu einem schätzenden Geist. Wegen der Heterogenität der Bedürfnisse ist es höchst unwahrscheinlich, dass demselben Gut seitens verschiedener Wirtschaftssubjekte dieselbe Wertschätzung zuteil wird. Aus dem Substanzbegriff ist ein geistiger Beziehungsbegriff geworden.*"[24]

Der hervorragendste Vertreter der österreichischen Schule war Friedrich August von Hayek, der 1974 mit dem Nobelpreis für Wirtschaftswissenschaften ausgezeichnet wurde. Jeder Rückblick auf Grundlagen und Genese der Kapitalmarkttheorie muss die wegweisenden Arbeiten von Hayeks berücksichtigen. Er vertrat eine – aus heutiger Sicht – sehr fortschrittliche Sichtweise zur Rolle von Märkten sowie zum Wesen der jeweiligen Marktteilnehmer.[25]

Die Überlegenheit des Marktes begründete Hayek nicht mit der Rationalität der Akteure, sondern mit ihrer Ignoranz. Wissen bezeichnete er als konstitutionell beschränkt und verteilt. Alle Personen würden nur über Teilwissen verfügen, das nicht zentralisierbar sei, weil es ein orts- und zeitgebundenes Wissen gebe, welches sich aus persönlichen Erlebnissen der jeweiligen Wissensträger angesammelt habe.

Die Überlegenheit des Marktes liege darin, dass das Preissystem als kodierter Informant diene. Die Veränderung der relativen Preise gebe Aufschluss über die Verschiebung der Präferenzen. Die Preise eines freien Marktes würden von mehr Umständen abhängen, als irgendjemand überhaupt wissen könne, und sie würden mehr Information verarbeiten, als irgendjemand besitzen könne. Außerdem, so Hayek, binde die Beschaffung von Wissen über das Preissystem nur wenige Ressourcen: *„Das bedeutungsvollste an diesem System ist die Wirtschaftlichkeit, mit der es das Wissen ausnützt, d. h., wie wenig die einzelnen Teilnehmer zu wissen brauchen, um die richtige Handlung vornehmen zu können. In abgekürzter Form, durch eine Art von Symbol wird nur die wesentlichste Information weitergegeben und zwar nur an die, welche es angeht.*"[26]

Den Markt verstand Hayek als **komplexes soziales System.** Die Komplexität hatte ihren Ursprung im Konstruktivismus der Gehirne der Teilnehmenden, dem

---

[24]Lachmann (1984), Marktprozess, S. 57.

[25]Im Rahmen einer aktuellen Bestandsaufnahme würdigt auch Mayer (2016) zentrale Elemente der „Austrian School" als Grundlage zur Entwicklung einer neuen Sicht auf die Finanzmärkte. Dieser Versuch zur Etablierung einer sogenannten „Austrian Finance" verdient zwar Anerkennung, bleibt jedoch weit hinter einer eigentlich erforderlichen „neuen Finanzmarkttheorie" zurück; vgl. Mayer (2016), Kunst.

[26]Hayek (1952), Sensory, S. 115.

zufolge jegliche Information stets subjektiv interpretiert und in heterogene Erwartungen überführt wurde.[27]

In Hayeks epochalem Werk „*The Sensory Order – An Inquiry into the Foundations of Theoretical Psychology*" finden sich Überlegungen über die Plastizität des Gehirns und dessen Konstruktivismus, die seiner Zeit weit voraus waren. Dies wurde noch Jahrzehnte später von Gehirnforschern wie Joaquin Fuster oder Gerald Edelman (Nobelpreisträger 1972 für Medizin und Physiologie) anerkannt.[28]

Für Hayek gab es keine glaubwürdige Entscheidungstheorie losgelöst von neurowissenschaftlichen Erkenntnissen. Es war in der Subjektivität der Interpretation der Welt, die sich aus „The Sensory Order" ergab, worin er die **Komplexität des Wirtschafts- und Finanzsystems** verortete. Subjektivität und Konstruktivismus mündeten zwar in heterogene Erwartungen, die jedoch über Marktsignale bis zu einem gewissen Grad homogenisiert wurden.[29]

Hayek sah den Menschen nicht als Individualisten, sondern als Subjektivisten, der aus der Interaktion mit anderen eine spontane Ordnung entstehen ließ. Diese definierte er als einen Zustand „… *in dem eine Vielheit von Elementen verschiedener Art so miteinander in Beziehung steht, dass wir aus unser Erkenntnis eines räumlichen oder zeitlichen Teils des Ganzen richtige Voraussagen über die weiteren Teile ableiten können.*"[30]

Für Prognosen jeglicher Art hatte Hayek kein Verständnis. Hingegen sah er aus der Beobachtung der Entstehung spontaner Ordnungsrahmen *(„gewisse Züge müssen sich regelmäßig wiederholen")* die Möglichkeit, wiederkehrende Muster zu erkennen und vorauszusagen. Darüber hinaus kritisierte er die Neigung der etablierten Wirtschaftswissenschaft, Finanzmärkte (wie auch das gesamte Wirtschaftsgeschehen) durch mathematisch-physikalische Modelle aus dem Bereich der Naturwissenschaften beschreiben und erklären zu wollen. Hayek bezeichnete diese Versuche abschätzig als **„Szientismus".**[31]

---

[27]Hayek nahm damit bereits zentrale Gedanken der erst viel später aufkommenden Neurowissenschaften vorweg, vgl. dazu ausführlich: unten, Kap. 5.

[28]Vgl. Fuster (1995), Memory, S. 87 ff.; Edelman (1982), Selection, S. 25 ff.

[29]Hayek (1952), Sensory, S. 110, formuliert dazu eindrücklich: „The different maps which will thus be formed in different brains will be determined by factors which are sufficiently similar to make those maps also similar to each other. But they will not be identical."

[30]Hayek (1996), Anmaßung, S. 88.

[31]Für Wissenschaften, die sich mit komplexeren biologischen, geistigen und gesellschaftlichen Phänomenen befassen, stoße ein physikalistisches Modell hinsichtlich seiner Erklärungs-und Voraussagemöglichkeiten an inhärente Grenzen (vgl. Hayek 1952).

Die Subjektivität des Verstehens, die Herstellung von Konstrukten der Außenwelt, die Bedeutung des Gruppenerfolges zur spontanen Entwicklung von Ordnungsrahmen, die Überwindung von Wissenslücken durch Nutzung des Preissystems als kodierten Informanten, die ausdrückliche Hervorhebung der Bedeutung relativer Preise als Vermittler von Kenntnissen, die andere nutzen, und die Hinweise auf die beschränkte menschliche Rationalität stellen fundierte Argumente dar für eine systematische Analyse marktgenerierter Daten unter Anwendung sophistizierter technischer Methoden. Hier liegt eine klare Analogie, aber auch konkrete Fundierung, zum Ansatz der sogenannten **„Technischen Kapitalmarktanalyse"**.[32]

Diese Parallelität verdient aus heutiger Sicht mehr Beachtung und eine eingehendere wissenschaftstheoretische Behandlung, da sie ein wichtiger Schlüssel für ein realistischeres Verständnis der Kapitalmärkte – auch im Sinne Hayeks – sein könnte.[33]

Insgesamt vertrat Hayek zahlreiche Thesen, die heute in „modernen" wissenschaftlichen Teildisziplinen wiederentdeckt und neu gewürdigt werden. Zu diesen zählen die **Informationsökonomie**, die **Institutionenökonomie**, die **Markt-Mikrostruktur-Theorie** und die **Evolutionsökonomie**. Insgesamt erweist sich Hayeks kritisches und kognitiv geprägtes Menschenbild als wegweisend für neuzeitliche Forschungszweige der **Verhaltensökonomie** und der **Kognitionsforschung**.

---

[32]Die Technische Analyse – nicht zu verwechseln mit simplem „Chart-Reading" – stützt ihre Aussagen auf die genaue Auswertung von Markttrends, relative Stärke/Schwäche-Mustern und andere Indikationen der zugrunde liegenden Anlegerpräferenzen und Informationsstrukturen.

[33]Da dies im Rahmen dieser Arbeit jedoch weder intendiert ist noch geleistet werden kann, sei an dieser Stelle verwiesen auf zahlreiche Arbeiten von Cortés (u. a. Cortés 2000, Masse). Eine weitere sehr interessante Parallele führt in den Bereich der Komplexitätsforschung, wie Arthur (1994) anhand der Ergebnisse eines artifiziellen Kapitalmarkts darlegt: „They were using, with success, predictions based upon past price patterns. And so technical trading was emergent in our artificial stock market." (Arthur 1994, Certainty, S. 5).

Literatur

Adler, P. A. / Adler, P. (1984; Dynamics), Adler, P. A. / Adler P. (Hrsg.), The social dynamics of financial markets, Greenwich (Ct.) / London 1984.

Arrow, K. J. / Debreu, G. (1954; Equilibrium), Existence of equilibrium for a competitive economy, in: Econometrica, Vol. 22, No. 3, 1954, S. 265–291.

Arthur, W. B. (1994; Certainty), The End Of Certainty In Economics, in: Einstein Meets Magritte, D. Aerts, J. Broekaert E. Mathijs, eds. 1999, Kluwer Academic Publishers, Holland, S. 1–6, reprinted in: Clippinger, J.H., The Biology of Business, ed., 1999, Jossey-Bass Publishers.

Arthur, W. B. (2013; Complexity), Complexity Economics: A different Framework for Economic Thought, in: SFI Working Paper 2013-04-012.

Cootner, P. (1964; Random), The random character of stock market prices, MIT Press, Cambridge 1964.

Cortés, A. (2000; Masse), Die vernetzte Masse – Parteienbildung und Erwartungen an der Börse, in: Jünemann B. /Schellenberger D. S. (Hrsg.), Psychologie für Börsenprofis – Die Macht der Gefühle bei der Geldanlage, Schäffer-Poeschel Verlag, Stuttgart 2000, S. 67–82.

Dimson, E. (1988; Anomalies), Stock market anomalies, Cambridge University Press, Cambridge 1988.

Edelman, G. (1982; Selection), Through a Computer Darkly: Group Selection and Higher Brain Function in: Bulletin – The American Academy of Arts and Sciences, Vol. 36, 1982.

Fama, E. F. (1965; Behavior), The behavior of stock-market prices, in: Journal of Business, Vol. 38, 1965, S. 34–105.

Fama, E. F. (1970; Efficient), Efficient capital markets: A review of theory and empirical work, in: Journal of Finance, Vol. 25, 1970, S. 383–417.

Fama, E. F. (1976; Finance), Foundations of Finance: Portfolio Decisions and Securities Prices, Basic Books, New York 1976.

Friend, I. (1977; Developments), Recent developments in finance, in: Journal of Banking and Finance, Vol. 1, 1977, S. 103–117.

Fuster, J. (1995; Memory), Memory in the Cerebral Cortex: An Empirical Approach to Neural Networks in Human and Nonhuman Primate, MIT Press, Cambridge 1995.

Godfrey, M. D. / Granger, C. W. J. / Morgenstern, O. (1964; Random-Walk), The random-walk hypothesis of stock market behavior, in: Kyklos, Vol. 17, 1964, S. 1–30.

Guimaraes, R. M. C. / Kingsman, B. G. / Taylor, S. J. (1989; Reappraisal), A reappraisal of the efficiency of financial markets, NATO ASI Series, Vol. F 54, Berlin / Heidelberg 1989.

Hagstrom, R. G. (2013; Investing), Investing: The Last Liberal Art, Columbia Business School, 2. Aufl., University Press Group Ltd, New York 2013.

Hayek, F. A. (1952; Sensory), The Sensory Order: An Inquiry into the Foundations of Theoretical Psychology, Routledge & Kegan Paul, London 1952.

Hayek, F. A. (1952; Szientismus), Szientismus und das Studium der Gesellschaft, in: Mißbrauch und Verfall der Vernunft, Mohr Siebeck, Tübingen 2004 [1952].

Hayek, F. A. (1996; Anmaßung), Die Anmaßung von Wissen, Mohr Siebeck, Tübingen 1996.

Hellwig, M. F. (1982; Expectations), Rational expectations equilibrium with conditioning on past prices: A mean-variance example, in: Journal of Economic Theory, Vol. 26, 1982, S. 279–312.

Jensen, M. C. (1978; Evidence), Some anomalous evidence regarding market efficiency, in: Journal of Financial Economics, Vol. 6, 1978, S. 95–101.

Keynes, J. M. (1936; Theorie), Allgemeine Theorie der Beschäftigung, des Zinses und des Geldes (übers. v. Fritz Waeger, Titel des Originals: The general theory of employment, interest and money), Berlin 1936 (zitiert nach der 6. unveränderten Aufl. 1983).

Kirchgässner, G. (1991; Oeconomicus), Homo oeconomicus – Das ökonomische Modell individuellen Verhaltens und seine Anwendungen in den Wirtschafts- und Sozialwissenschaften, Mohr Siebeck, Tübingen 1991.

Kuhn, T. S. (1979; Revolutionen), Die Struktur wissenschaftlicher Revolutionen, 2. revid. Aufl. (Titel des Originals: The structure of scientific revolutions), Suhrkamp Verlag, Frankfurt 1979.

Lachmann, L. (1984; Marktprozess), Marktprozess und Erwartungen, Philosophia Verlag, München 1984.

Lucas, R. E. (1981; Prices), Asset prices in an exchange economy, in: Econometrica, Vol. 46, Nr. 6, 1978, S. 1429–1446.

Malkiel, B. G. (1973; Walk), A random walk down Wall street, W.W. Norton & Co., New York 1973.

Mandelbrot, B. B. (1963; Variation), The variation of certain speculative prices, in: Journal of Business, Vol. 34, 1963, S. 392–417 (erneut abgedruckt in: Cootner Paul H. (Hrsg.), The random character of stock market prices, Cambridge 1964, S. 307–332).

Markowitz, H. (1952; Portfolio), Portfolio selection, in: Journal of Finance, Vol. 7, 1977, S. 683–694.

Mayer, T. (2016; Kunst), Die neue Kunst Geld anzulegen – Mit Austrian Finance zu einem besseren Portfoliomanagement, FinanzBuch Verlag, München 2016.

Mises, L. v. (1949; Human), Human Action – A treatise on economics, Yale University Press, New Haven 1949.

Morgenstern, O. (1935; Voraussicht), Vollkommene Voraussicht und wirtschaftliches Gleichgewicht, in: Zeitschrift für Nationalökonomie, Band 6, Heft 3, 1935, S. 337–357.

Muth, J. F. (1961; Expectations), Rational expectations and the theory of price movements, in: Econometrica, Vol. 29, No. 3, 1961, S. 315–335.

Oehler, A. (1992; "Anomalien"), "Anomalien", "Irrationalitäten" oder "Biases" der Erwartungsnutzentheorie und ihre Relevanz für Finanzmärkte, in: Zeitschrift für Bankrecht und Bankwirtschaft, 4. Jg., Nr. 2, 30. Mai 1992, S. 97–124.

Rapp, H.-W. (1993; Kapitalmärkte), Wie effizient sind die Kapitalmärkte wirklich?, in: Finanz und Wirtschaft (Zürich), Nr. 7, 27.1.1993, S. 21.

Sharpe, W. F. (1964; Prices), Capital asset prices: A theory of market equilibrium under conditions of risk, in: Journal of Finance, Vol. 19, No. 3, 1964, S. 425–442.

Shiller, R. J. (1984; Dynamics), Stock prices and social dynamics, in: Brookings Papers on Economic Activity, Vol. 2, 1984, S. 457–498.

Spitznagel, M. (2013; Austrian), The Dao of capital – Austrian investing in a distorted world, John Wiley & Sons, Hoboken 2013.

Tobin, J. (1958; Liquidity), Liquidity preference as behavior towards risk, in: Review of Economic Studies, Vol. 25, 1958, S. 65–86.

Ein realistischeres Bild der Kapitalmärkte

3.1 Markt-Mikrostruktur-Theorie

Frühe Arbeiten zur Funktionsweise von Kapitalmärkten sind durch eine stark mechanistische Marktsicht geprägt. Märkte galten als „Black Box" und wurden als „effizient" und inhärent funktional interpretiert. Weder die Organisationsform noch die Institutionen oder die Struktur des Marktes waren dabei von Relevanz. Auch eine Analyse der Marktteilnehmer, etwa nach deren individueller Informationsausstattung, kognitiven Fähigkeiten oder subjektiven Perzeptionen fand nicht statt. In den Modellen der Neoklassik erscheinen Märkte deshalb als **„Black Box"**, deren genaue Funktionsweise nicht hinterfragt wird, da sie per Definition stets zu einem optimalen (Allokations-)Ergebnis führten.[1]

Mit Blick auf die rigiden und – aus seiner Sicht völlig unrealistischen – Axiome der lange Zeit vorherrschenden Gleichgewichtsmodelle folgert bereits Morgenstern (1935): *„Dies ist allerhand und zeigt sofort den übertriebenen Gebrauch gewisser undefinierter Prämissen der theoretischen Ökonomie"* [...] *„...man sieht, wie unüberlegt in der theoretischen Ökonomie oft von ‚grundlegenden Annahmen' dort gesprochen wird, wo es sich lediglich um Unsinn handelt."*[2]

Die orthodoxe Marktsicht, die auf unrealistischen Gleichgewichtsannahmen basiert, gilt heute zu Recht als überholt. Die sogenannte **Markt-Mikrostruktur-Theorie** weist nach, dass sowohl die Organisationsstruktur eines Marktes wie auch die Zusammensetzung und die Interaktion der jeweiligen Marktteilnehmer großen Einfluss auf das Marktergebnis und das System der Marktpreise haben.

---

[1]Vgl. etwa Arrow und Debreu (1954), Equilibrium; sowie dazu auch die entsprechenden Abbildungen in Abschn. 6.1.

[2]Morgenstern (1935), Voraussicht, S. 340 bzw. S. 353.

© Springer Fachmedien Wiesbaden GmbH 2017
H.-W. Rapp und A. Cortés, *Cognitive Finance*,
DOI 10.1007/978-3-658-18643-2_3

Für ein realistischeres Verständnis realer Kapitalmärkte ist die Einbeziehung
von Ansätzen und Erkenntnissen der Markt-Mikrostruktur-Theorie deshalb nicht
nur sinnvoll, sondern zwingend geboten, denn „... *the economy is not a gigantic
machine, but a construct of its agents.*"[3]

3.2   Informations-Ökonomie

Die ursprünglichen Aussagen des Informationseffizienz-Theorems stehen seit
einiger Zeit als unvollständig und unrealistisch in der Kritik. Der Forschungs-
zweig der **„Informations-Ökonomie"** hat dazu wesentlich beigetragen. Deren
wichtigste Aussagen widerlegen das Bild einer effizienten Informationsstruktur
an Kapitalmärkten deutlich.[4]

Kernelemente der Informations-Ökonomie sind grundlegende Fragen zur
Informationsentstehung, zur Informationsproduktion und zur Informationsverteilung an Märkten. Bereits die beiden ersten Bereiche sind entscheidend für
ein besseres Verständnis von informatorischen und kognitiven Prozessen an realen Kapitalmärkten. Gemäß dieser Logik ist relevante Information nicht für alle
Marktteilnehmer frei verfügbar, sondern wird von einzelnen Agenten – etwa
durch Research – „erarbeitet" und „produziert". Dies führt zu einer faktischen
Divergenz zwischen gut informierten („Alpha-") und weniger gut informierten
(„Beta-") Marktteilnehmern, letztlich also zu einer asymmetrischen Informationsverteilung zwischen Alpha- und Beta-Akteuren.[5]

Speziell die These der Informationsasymmetrie gilt als gut erforscht und
von grundsätzlicher Bedeutung. Wie Akerlof (1970) anhand seines eingängi-
gen „Lemons"-Beispiels nachweist, kann asymmetrisch verteilte Information zu
schwerwiegenden Transaktionshemmnissen und Friktionen führen, bis hin zu
Marktversagen und Marktzusammenbruch.[6]

Darüber hinaus ist auch die These der **Informationsdiffusion**, also einer gra-
duellen Ausbreitung relevanter Information von gut informierten (Alpha-) zu

---

[3]Arthur (1994), Certainty, S. 1; und weiter S. 6: „... the economy itself emerges from
our subjective beliefs. These subjective beliefs, taken in aggregate, structure the micro-
economy."

[4]Vgl. dazu grundlegend: Grossman und Stiglitz (1980), Impossibility.

[5]Vgl. dazu eingehend, auch mit Blick auf die Entstehung divergenter Informationsstrukturen und heterogener Marktteilnehmer, Rapp (1995), Marktverhalten, S. 322–356.

[6]Vgl. Akerlof (1970), „Lemons".

weniger gut informierten (Beta-)Akteuren hoch relevant. In Märkten mit asymmetrischer Informationsverteilung ist dieser Ablauf der „Normalfall", was eine Reihe komplexer, marktdynamisch bedeutender Reaktions- und Rückkopplungsmuster auslösen kann.[7] Es scheint folglich sinnvoll, die grundlegenden Aussagen und Thesen der Informations-Ökonomie in jede aufgeklärte Sichtweise der Kapitalmarktforschung zu integrieren.

3.3   Institutionen-Ökonomie

Als **Institutionen-Ökonomie** wird ein neuerer Zweig der Forschung bezeichnet, der sich mit der Rolle von Institutionen für die Funktion von Märkten beschäftigt. Als Institutionen werden dabei sowohl **Regeln** (Gesetze, Konventionen, Kontrakte, Garantien, Standards etc.) als auch **Inkorporationen** (Rating-Agenturen, Börsen, Gerichte, Schiedsstellen etc.) betrachtet.[8]

Bereits die Existenz dieser Institutionen in der Realität ist ein starkes Indiz ihrer Relevanz. Offenkundig wird eine Vielzahl von Institutionen benötigt, um **Friktionen und Transaktionshemmnisse** an realen Märkten zu überwinden, die typischerweise – aber nicht nur – aus dem Problem asymmetrischer Informationsverteilung resultieren.

Beispiel

Der Kauf hochwertiger Güter im Internet wird nur dann stattfinden, wenn ein System glaubwürdiger Signale („Bewertungen") oder belastbarer Garantien den Käufer absichert, seinen Informationsnachteil also kompensiert. An den Kapitalmärkten finden sich vergleichbare Beispiele, wie etwa Ratings, Handelsregeln, Standard-Kontrakte, Pfandrechte, Intermediäre und vieles mehr.

Ähnlich wie die Informations-Ökonomie legt auch die Institutionen-Ökonomie erhebliche Mängel des alten Kapitalmarkt-Paradigmas offen. Im Sinne eines besseren Verständnisses von realen Märkten (und Marktunvollkommenheiten)

---

[7]Dazu zählen Phänomene wie „Noise Trading", „Soziale Imitation", „Soziale Infektion", „Blasenbildung" etc.; vgl. dazu unten, Abschn. 6.3. und 6.4. Vgl. in diesem Sinne bereits grundlegend: Rapp (1995), Marktverhalten, S. 322–356. Analog die sehr ähnlichen Überlegungen aus dem Bereich der Komplexitätsforschung; vgl. exemplarisch: Arthur (1994), Certainty.

[8]Vgl. Williamson (1985), Institutions; North (1990), Institutions.

müssen deren zentrale Aussagen und Implikationen in ein fortschrittliches Erklärungsmodell der Kapitalmarktforschung einbezogen werden, denn „*... the economy is not something given and existing, but forms from a constantly developing set of institutions, arrangements, and technological innovations.*"[9]

3.4   Systemtheorie und Komplexitätsforschung

Ein sehr zentraler, bisher aber noch wenig erschlossener Ansatz zum Verständnis realer Kapitalmärkte liegt im Bereich der **Systemtheorie** und der **Komplexitätsforschung**.[10] Beide Teildisziplinen widmen sich grundsätzlich der Erforschung von Prozessen, Abläufen und „Systemen", die durch vielfältige Interdependenzen, Rückkopplungen und andere multilaterale Wirkmechanismen gekennzeichnet sind.[11] Auch die sogenannte **Chaostheorie** kann als Teilbereich dieser noch relativ jungen Disziplin interpretiert werden.[12]

▶   Die Stärke einer systemtheoretischen Betrachtungsweise liegt darin, dass simple „Wenn-Dann"-Analysen und „ceteris paribus"-Aussagen verworfen und durch **multikausale Ansätze und multidimensionale Erklärungsmodelle** ersetzt werden. Systeme im hier definierten Sinn folgen nicht linearen und wohldefinierten (mathematisch präzise erfassbaren) Abläufen, sondern erzeugen komplexe, hochgradig volatile und oftmals „chaotisch" (oder „zufällig") erscheinende Verlaufsmuster, multikausale Interdependenzen und nicht-lineare Ereignissequenzen.

Gleichzeitig verhalten sich komplexe Systeme tendenziell adaptiv und passen sich laufend an veränderte Rahmenbedingungen an. In den Worten von W. Brian Arthur (2005), einem der führenden Komplexitätsforscher: „*...the economy reveals itself not as deterministic, predictable and mechanistic, but as process-dependent, organic and evolving.*"[13] Dies gilt offensichtlich umso mehr,

---

[9]Arthur (2013), Complexity, S. 1.

[10]Vgl. zum Verständnis der Komplexitätsforschung grundlegend: Simon (1962), Complexity.

[11]Vgl. dazu grundlegend: Arthur (2015), Complexity.

[12]Vgl. dazu grundlegend: Mandelbrot und Hudson (2005), (Mis)behavior.

[13]Arthur (2005), Out-of-Equilibrium, S. 9.

wenn dabei noch das Element des „Lernens", oder generell der **evolutorischen Fortentwicklung,** hinzukommt.[14]

Diese Beschreibung scheint bereits sehr treffend für das Bild realer Kapitalmärkte. Tatsächlich haben innovative und interdisziplinär arbeitende Institutionen, wie etwa das Santa Fe-Institute in den USA, das Konzept von **„Kapitalmärkten als komplexen adaptiven Systemen"** als Leitmotiv moderner Kapitalmarktforschung verankert.[15]

Dieses moderne, systemtheoretisch fundierte Kapitalmarktverständnis trifft einen sehr validen Punkt: An realen Märkten ändert sich das zugrunde liegende Datengerüst permanent und mit sehr hoher Frequenz, ebenso wie viele der grundlegenden Beziehungen, Interaktionen und fundamentalen Wirkungszusammenhänge. Gleichzeitig „lernen" Teilnehmer an realen Kapitalmärkten ständig aus gemachten Erfahrungen, formen spezifische Informations- und Entscheidungsregeln und entwickeln daraus neue Aktions- oder Reaktionsmuster.[16]

Im Ergebnis führt dies zu einer ständig **evolvierenden und mutierenden Marktrealität.** Dies ist exakt die zentrale definitorische Eigenschaft eines „komplexen adaptiven Systems". In den Worten von Arthur (2013): *„This ongoing materialization of exploratory actions causes an always-present Brownian motion within the economy. The economy is permanently in disruptive motion as agents explore, learn and adapt."*[17]

---

[14]Zum Begriff und zur Definition von „komplexen adaptiven Systemen" vgl. grundlegend: Holland (2014), Complexity, S. 6–9 und S. 24–36. Vgl. analog auch: Hagstrom (2013), Investing, Kap. 3 (Biology).

[15]Arthur et al. (1997) sprechen in ihrer Darstellung wirtschaftlicher Prozesse („The economy as an evolving complex system") vom „Santa Fe Approach": „We will call this the complexity perspective, or Santa Fe perspective...." (Arthur et al. 1997, Emergence, S. 3); vgl. dazu auch unten, Abschn. 6.3–6.4.

[16]Interessanterweise gab es auch dazu bereits in den 1950er Jahren wegweisende Ansätze, die jedoch vom „orthodoxen Paradigma" später verworfen und ausgeschlossen wurden; vgl. dazu exemplarisch: Alchian (1950), Uncertainty; dieser unterstellt in seiner Analyse ökonomischer Prozesse „...*adaptive, imitative and trial-and-error behavior...*" und „...*principles of biological evolution...*" (Alchian 1950, Uncertainty, S. 211).

[17]Arthur (2013), Complexity, S. 4; vgl. dazu weiterführend unten, Abschn. 6.4.

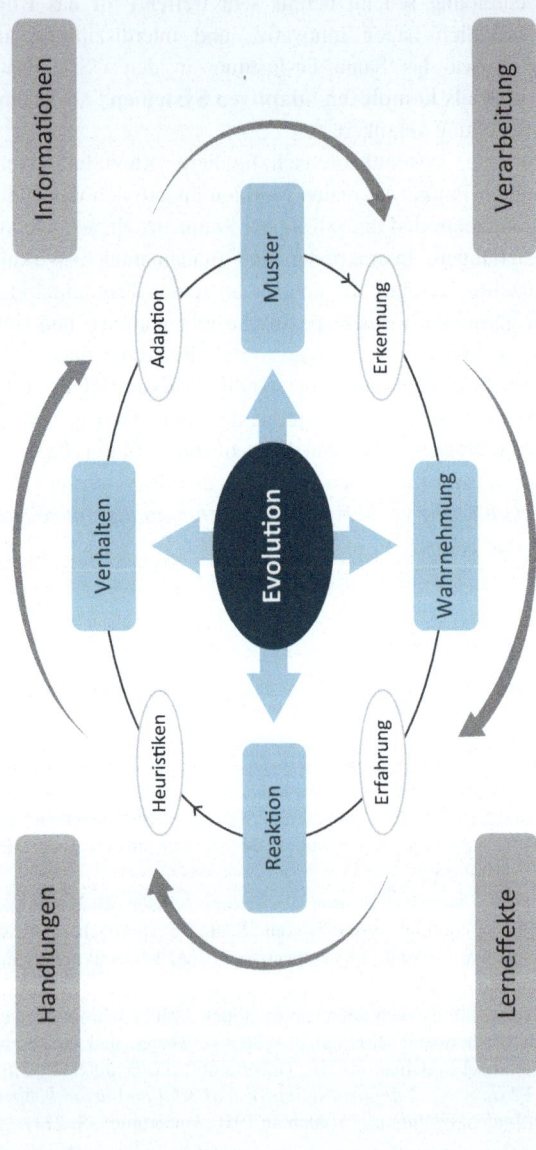

Abb. 3.1 Evolutorischer Prozess an realen Kapitalmärkten (Quelle: Eigene Darstellung, H.-W. Rapp 2016)

Aus dieser „vernetzten" und „dynamischen" Perspektive der Komplexitätsforschung entsteht so ein neues Bild von Wirtschaft und Kapitalmärkten
als **evolutorischen Entdeckungs- und Entwicklungsprozessen:** *„And so the
economy shows behavior that we can best describe as organic, rather than mechanistic. "*[18] (Abb. 3.1).

Literatur

Akerlof, G. A. (1970; "Lemons"), The market for "lemons": Quality uncertainty and the
market mechanism, in: Quarterly Journal of Economics, Vol. 84, 1970, S. 488–500.

Alchian, A. A. (1950; Uncertainty), Uncertainty, evolution and economic theory, in: Journal
of Political Economy, Vol. 58, No. 3, 1950, S. 211-221.

Arrow, K. J./Debreu, G. (1954; Equilibrium), Existence of equilibrium for a competitive
economy, in: Econometrica, Vol. 22, No. 3, 1954, S. 265–291.

Arthur, W. B. (1994; Certainty), The End Of Certainty In Economics, in: Einstein Meets
Magritte, D. Aerts, J. Broekaert E. Mathijs, eds. 1999, Kluwer Academic Publishers, Hol-
land, S. 1–6, reprinted in: Clippinger, J.H., The Biology of Business, ed., 1999, Jossey-
Bass Publishers.

Arthur, W. B. (2005; Out-of-Equilibrium), Out-of-Equilibrium Economics and Agent-
Based Modeling, in: SFI Working Paper 2005-09-037.

Arthur, W. B. (2013; Complexity), Complexity Economics: A different Framework for
Economic Thought, in: SFI Working Paper 2013-04-012.

Arthur, W. B. (2015; Complexity), Complexity and the Economy, Oxford University Press,
New York 2015.

Arthur, W. B./Durlauf, S. N./Lane, A. L. (1997; Emergence), Process and Emergence in the
Economy, introduction to the book "The Economy as an Evolving Complex System II",
edited by Arthur, Durlauf, and Lane, Addison Wesley, Reading, Mass, 1997.

Grossman, S. J./Stiglitz, J.E. (1980; Impossibility), On the impossibility of informationally
efficient markets, in: American Economic Review, Vol. 70, No. 3, 1980, S. 393–408.

Hagstrom, R. G. (2013; Investing), Investing: The Last Liberal Art, Columbia Business
School, 2. Aufl., University Press Group Ltd, New York 2013.

Holland, J.H. (2014; Complexity), Complexity: A very short introduction, Oxford University
Press, New York 2014.

Mandelbrot, B. B./Hudson, R. L. (2005; (Mis)behavior), The (Mis)behavior of markets,
Basic Books, London 2005.

Morgenstern, O. (1935; Voraussicht), Vollkommene Voraussicht und wirtschaftliches
Gleichgewicht, in: Zeitschrift für Nationalökonomie, Band 6, Heft 3, 1935, S. 337–357.

---

[18]Arthur (1994), Certainty, S. 6; vgl. analog auch Arthur (2013), Complexity; sowie
Hagstrom (2013), Investing, Kap. 3 (Biology). Im weiteren Verlauf wird noch mehrfach auf
diesen wegweisenden Ansatz zum Verständnis realer Kapitalmärkte rekurriert; vgl. dazu
insbesondere unten, Abschn. 6.4.

North, D. C. (1990; Institutions), Institutions, institutional change and economic performance, Cambridge University Press, Cambridge 1990.

Rapp, H.-W. (1995; Marktverhalten), Der Markt für Aktien-Neuemissionen – Preisbildung, Preisentwicklung und Marktverhalten bei eingeschränkter Informationseffizienz, Diss. Mannheim 1995.

Simon, H. A. (1962; Complexity), The Architecture of Complexity, in: Proceedings of the American Philosophical Society, Vol. 106, No. 6, 1962, S. 467–482.

Williamson, O. E. (1985; Institutions), The economic institutions of capitalism, Free Press, New York 1985.

Verhaltenswissenschaftliche Ansätze und „Behavioral Finance"

4

4.1 Die Relevanz verhaltenswissenschaftlicher Erklärungsmodelle

Die wissenschaftliche Diskussion der letzten 25 Jahre hat sich verstärkt **verhaltenswissenschaftlich fundierten Erklärungsmodellen** zugewandt. Grundlage waren wegweisende Arbeiten von Shiller, Thaler, De Bondt, Shleifer, Summers und anderen: In empirischen Studien wiesen sie eine Vielzahl offensichtlicher Anomalien und Inkonsistenzen nach, die das bestehende Markteffizienz-Paradigma herausforderten und vielfach klar widerlegten.[1]

Viele dieser Arbeiten stützten sich auf Ergebnisse psychologischer Studien, etwa von Forschern wie Daniel Kahneman, Amos Tversky und Vernon Smith.[2] Die Gültigkeit bisheriger Rationalitäts- und Effizienz-Axiome im Rahmen der „Modernen Kapitalmarkttheorie" wurde dadurch massiv erschüttert, und das alte Paradigma zunehmend diskreditiert.

Diese Erschütterung wurde in den letzten 25 Jahren noch verstärkt durch zahlreiche „in Echtzeit" beobachtbare Börsenblasen, Markt-Crashs und Finanzkrisen. Vom abrupten „Crash" des US-Aktienmarktes im Jahr 1987, verstärkt durch die absurde „Dot.com-Bubble" und deren Platzen im Jahr 2000, über die US-Hypotheken-Blase der Jahre 2005–2008 bis hin zum „Urknall" der globalen Finanz- und Wirtschaftskrise ab 2008/2009 reicht das Spektrum der „Betriebsstörungen"

---

[1]Vgl. dazu überblickartig: Rapp (1995), Marktverhalten, S. 324–332 sowie S. 358–360; Jensen (1978), Evidence; Dimson (1988), Anomalies; sowie Oehler (1991), „Anomalien"; ders. (1992), „Anomalien".

[2]Vgl. dazu unten, Abschn. 4.2. Kahneman und Smith erhielten dafür 2002 den Nobelpreis für Wirtschaft.

© Springer Fachmedien Wiesbaden GmbH 2017
H.-W. Rapp und A. Cortés, *Cognitive Finance*,
DOI 10.1007/978-3-658-18643-2_4

und „Anomalien", die mit den bisherigen Prinzipien, Axiomen und Methoden nicht mehr erklärbar sind. Somit ist eine neue, weniger dogmatische Sicht auf die Eigenschaften und Merkmale realer Kapitalmärkte, deren Teilnehmer und anderer Wirtschaftssubjekte unumgänglich.[3] Wie Shiller (1984) bereits richtungsweisend feststellt: *„Investing in speculative assets is a social activity."*[4]

▶   Ein alternatives Konzept, basierend auf verhaltenswissenschaftlich fundierten Erklärungsansätzen und Modellen, scheint sinnvoll und erfolgversprechend.[5] Die Summe der darauf zielenden verhaltenswissenschaftlichen Ansätze, Modelle und Erkenntnisse wird heute meist als „Verhaltensökonomik" oder **„Behavioral Finance"** bezeichnet.[6]

Insbesondere Shiller, dessen Beitrag zu einer neuen Sicht der Kapitalmärkte im Jahr 2013 mit dem Nobelpreis für Wirtschaft gewürdigt wurde, muss als deren wichtigster Wegbereiter hervorgehoben werden. Durch kritische – und zeitlich sehr relevante – Bücher und Veröffentlichungen trug Shiller bereits 1989, noch stärker jedoch ab 2000, zu einer erhöhten Verbreitung, Popularität und Glaubwürdigkeit der Behavioral Finance als leistungsfähigem Erklärungsansatz für reales Kapitalmarktverhalten bei.[7]

4.2   Erkenntnisgewinn durch psychologische Experimente

Nahezu zeitgleich mit dem ersten Aufkommen der „Anomalien-Diskussion" in der Kapitalmarktforschung durchliefen auch andere wissenschaftliche Teildisziplinen – speziell die **klinische und die experimentelle Psychologie** – überraschende Erkenntnisveränderungen. Psychologen wie Daniel Kahneman und Amos Tversky legten verstörende Ergebnisse diverser psychologischer Tests und

---

[3]Vgl. in diesem Sinne bereits: Granger und Morgenstern (1970), Predictability, S. 22: „Ultimately a more descriptive work of the functioning of the stock market will have to be guided by psychological research, especially related to the psychology of crowds."

[4]Shiller (1984), Dynamics, S. 457.

[5]Vgl. in diesem Sinne bereits sehr klar: Rapp (1995), Marktverhalten; dort insbes. S. 11–15, 483–484.

[6]Vgl. Rapp (1997), Behavioral; Gilad und Kaish (1986), Behavioral; Unser (1999), Behavioral.

[7]Vgl. Shiller (1989), Volatility; Shiller (2002), Exuberance; Shiller (2008), Subprime.

Experimente vor, die starke Zweifel an der Rationalität menschlichen Informations- und Entscheidungsverhaltens nahelegten.[8]

Kahneman und Tversky (1979) wiesen im Verlauf ihrer Studien an Probanden eine Vielzahl mentaler Anomalien, kognitiver Verzerrungen und anderer klarer Abweichungen vom bisherigen Dogma streng rationalen Verhaltens nach. Dazu zählt die Verwendung grober Vereinfachungen, simpler Entscheidungsregeln und irreführender Urteilsheuristiken. Eine Zusammenfassung und Einordnung dieser Effekte ist unter dem Begriff „Prospect Theory" bekannt. Weitere Stichworte zu dieser Diskussion sind „Disposition Effect", „Mental Accounting", „Anchoring", „Overconfidence" und „Illusion of Control".[9]

Die Grundlagen bisheriger Rationalitäts- und Effizienz-Axiome im Rahmen der „Modernen Kapitalmarkttheorie" waren damit nicht länger haltbar. Folgerichtig entwickelte sich aus den Erkenntnissen der psychologischen Forschung eine reichhaltige neue Diskussion, die seitdem zur Vertiefung und Etablierung verhaltenswissenschaftlicher Erklärungsansätze führte.[10]

4.3 „Noise Trading"-Ansatz als Bindeglied und Zwischenschritt

Als Teilmenge und spezielle Ausprägung der Behavioral Finance verdient auch der **„Noise Trading"-Ansatz** Beachtung. Dieses Konzept geht auf Arbeiten von Black (1986), Shleifer und Summers (1990) und anderen zurück und kann als „Bindeglied" zwischen Elementen der **Informationsökonomie** und der **Verhaltensökonomik** interpretiert werden.[11]

Der Noise Trading-Ansatz postuliert, dass zahlreiche Teilnehmer an Kapitalmärkten auf der Grundlage unscharfer, fehlerhafter oder falscher Informationen agieren. Die resultierende Informationsstruktur eines Marktes beinhaltet dann

---

[8]Vgl. Kahneman und Tversky (1979), Prospect.

[9]Aufgrund reichhaltiger Literatur kann hier auf eine eingehendere Darstellung verzichtet werden; vgl. überblickartig: Oehler (1991, „Anomalien", 1992, „Anomalien"). Eine neuere Zusammenfassung zu den Besonderheiten menschlichen Entscheidungsverhaltens findet sich bei Kahneman (2011), Thinking. Zur grundlegenden Diskussion menschlicher Urteils- und Entscheidungsheuristiken vgl. insbesondere Gigerenzer et al. (1999), Heuristics.

[10]Vgl. dazu überblickartig: Akerlof und Shiller (2009), Spirits.

[11]Vgl. Black (1986), Noise; Shleifer und Summers (1990), Noise.

einen nennenswerten Anteil wertloser „Quasi-Information", also „Noise". Dennoch handeln die „Noise Trader" stets im Glauben, sinnvolle Information zu verwenden: *„Trading on noise as if it were real information."*[12]

Für die Erklärung des „Noise Trading" gibt es verschiedene Ansätze, die jedoch alle nicht mit der klassischen Markteffizienz-Hypothese kompatibel sind: In einer ersten Hypothese sind die Probleme unvollkommener Informationsstrukturen und **asymmetrischer Informationsverteilung** relevant.[13] Diese lassen zwangsläufig einen Teil der Marktteilnehmer (Beta-Akteure) mit inferioren, partiell wertlosen Informationen zurück, während andere Marktteilnehmer (Alpha-Akteure) über einen deutlich höheren Wissensstand und somit **superiore Informationen** verfügen. Das Handeln der Beta-Akteure erscheint dann zwangsläufig als „Noise-Trading", da es keinen sinnvollen Informationshintergrund aufweist. Bis zu diesem Punkt spielt die Frage nach der individuellen Rationalität der Marktteilnehmer keine Rolle, da „Noise Trading" lediglich Unterschiede der jeweiligen Informationsstruktur reflektiert.[14]

In einer zweiten Hypothese reflektiert „Noise Trading" jedoch direkt auch verhaltenswissenschaftliche Aspekte, also systematische Fehler und eingeschränkt rationales Handeln der Marktteilnehmer.[15] Folglich basiert „Noise Trading" im Sinne dieser Hypothese primär auf kognitiven Wahrnehmungsschwächen, fehlerhaften Perzeptionen und irrationalen Entscheidungsmustern der entsprechenden Marktteilnehmer. Diese handeln dann entweder rein spekulativ und auf der Basis von Gerüchten, oder sind aufgrund neuronaler Beschränkungen nicht zur „richtigen" Interpretation und Umsetzung der zugrunde liegenden Informationen imstande.

Im Sinne einer dritten Hypothese kann es sogar, etwa durch **„Soziale Imitation"** und **„Soziale Infektion",** zu irrationalen Übertreibungen, massenpsychologisch geprägten Marktmoden und vergleichbaren psycho-sozialen Verzerrungen des gesamten Marktgeschehens kommen. Entsprechend würden Marktteilnehmer – anstelle eigener Informationsverarbeitung – lediglich das Handeln anderer Marktteilnehmer imitieren, also etwa „kaufen wenn die Preise steigen".[16] Mit

---

[12]Black (1986), Noise, S. 531.

[13]Vgl. dazu oben, Abschn. 3.2

[14]Vgl. dazu grundlegend: Grossman und Stiglitz (1980), Impossibility; Black (1986), Noise.

[15]Vgl. Rapp (1995), Marktverhalten, S. 36–39; Black (1986), Noise; DeLong et al. (1990), Feedback; dies. (1991), Survival.

[16]Vgl. in diesem Sinne etwa Adler und Adler (1984), Sociology, S. 196–197: „People tend to herd together and sometimes irrationally imitate each other's behavior." Grundlegend dazu auch: Shiller (1984), Dynamics.

den Worten des Soziologen Michael Klausner (1984): „*The behavior of financial markets is very much a social phenomenon. People's decisions to buy, hold or sell securities are greatly influenced by what others are saying or doing.*"[17]

Dieses Modell einer „Sozialen Infektion" wird bereits von Shiller (1984, 1989) eindrücklich vertreten.[18] Es erklärt sehr gut das Entstehen **kollektiver Markt-Moden** (Shiller spricht von „Fads") und systemischer **Markt-Übertreibungen und -Blasen:** „*The claim [is] that people are sometimes excessively enthusiastic for certain speculative assets and that their judgment is then not sound.*"[19] Camerer (1989) präzisiert: „*Fads are mean-reverting deviations from intrinsic value caused by social or psychological forces like those that cause fashions in political beliefs or consumption goods (Shiller 1984), or like Keynes' 'animal spirits'.*"[20]

Das „Fads-Modell" ähnelt damit früheren Feststellungen von Keynes (1936), der in seinem berühmten Beispiel vom „Schönheitswettbewerb" Kapitalmärkte als **kollektiven Mechanismus zur Antizipation und Imitation einer virtuellen Mehrheitsmeinung** charakterisiert: „*Wir haben den dritten Grad erreicht, wo wir unsere Intelligenz der Vorwegnahme dessen widmen, was die durchschnittliche Meinung als das Ergebnis der durchschnittlichen Meinung erwartet.*"[21]

Bisher repräsentiert das „Noise Trading"-Konzept lediglich einen Teilaspekt innerhalb der Behavioral Finance-Logik. Trotzdem ist das Konzept eine interessante „Nahtstelle" zwischen den Ansätzen der Informationsökonomie und der Verhaltensökonomie. In dieser Brückenfunktion liegt eine wesentliche Feststellung, die den Blick auf ein tiefer liegendes Ziel freigibt: das Konzept einer noch stärkeren Verknüpfung von Elementen der Informationsökonomie, der Verhaltensökonomie, der Neurowissenschaft und der Kognitionsforschung.

▶ Dieses Ziel einer stärkeren Integration unterschiedlicher, jedoch inhärent verknüpfter und jeweils stark erkenntnisrelevanter Erklärungsansätze steht im Vordergrund der nachfolgenden Betrachtungen dieser Arbeit.[22]

---

[17]Klausner (1984), Behavior, S. 57.

[18]Vgl. Shiller (1984), Dynamics; ders. (1989), Fashions.

[19]Shiller (1989), Fashions, S. 50.

[20]Camerer (1989), Fads, S. 3, der dazu eine ausführliche Abhandlung bietet.

[21]Keynes (1936), Theorie, S. 132; vgl. dazu bereits oben, Abschn. 2.3

[22]Vgl. dazu ausführlich unten; Kap. 5–7. Analog aber bereits: Rapp (1995), Marktverhalten; Rapp (1997), Behavioral sowie Rapp (2000), Wahnsinn.

4.4   Psychodynamische Marktmodelle der Behavioral Finance

Ein bisher nur wenig erschlossenes Potenzial der Behavioral Finance liegt in der Frage nach der Erklärbarkeit ganzer Marktzyklen oder zumindest charakteristischer Marktphasen. Konkret geht es darum, die Methodik verhaltenswissenschaftlicher Analyse nicht nur auf die Aktionen und Limitationen einzelner Marktteilnehmer anzuwenden, wie dies meist der Fall ist. Stattdessen sollte aus den reichhaltigen Aussagen, Konzepten und Implikationen der Behavioral Finance eine **ganzheitliche Sicht auf intertemporale Dynamik, situative Veränderungen und pfadabhängige Zyklik** des Gesamtmarktes abgeleitet werden.[23]

Ein Versuch in diese Richtung ist die „Coherent Market Hypothesis" von Vaga (1990).[24] Ähnlich wie auch hier gefordert, basiert Vaga (1990) seine Hypothese auf einen interdisziplinären Ansatz, der Elemente der Informationsökonomie, der Verhaltensökonomie und der Chaostheorie integriert. Ein zentraler Aspekt ist das Verständnis der Kapitalmärkte als dynamische sozioökonomische Systeme. Abhängig von der jeweiligen Informationsstruktur sowie anderen Systemvariablen variiert der Markt zwischen dem klassischen Modus eines zufälligen „Random Walk" sowie einem Zustand zunehmender „Kohärenz". Kohärente Marktzustände sind geprägt durch starke Trends, die wiederum eine zunehmende Gleichrichtung unterschiedlicher Gruppen und „Parteien" des Marktes voraussetzen. Entscheidend dafür ist unter anderem das Prinzip der „Sozialen Imitation", das in bestimmten Phasen zu einer starken Homogenisierung, also zu „Coherent Markets" führt. Das Modell von Vaga (1990) ist damit prinzipiell geeignet, Markttrends, Marktzyklen und andere intertemporale Veränderungen realer Kapitalmärkte sinnvoll zu erklären.[25]

Ein **psychodynamisches Modell,** das deutlich über die Coherent Market Hypothesis hinausgeht, entwickelt Rapp (1995).[26] Im Rahmen dieses Marktmodells werden zentrale Elemente der Informationsökonomie, der Systemtheorie und der Behavioral Finance erstmals in einem konsistenten Gesamtkonzept

---

[23]Vgl. dazu bereits: Rapp (1995), Marktverhalten, S. 343 ff.; Rapp (1997), Behavioral, S. 22–34.

[24]Vgl. zu den nachfolgenden Ausführungen eingehend: Vaga (1990), Coherent.

[25]Auch die Überlegungen von Cortés (2000), Masse, zur „Parteienbildung und Erwartungen an der Börse" gehen, basierend auf einem tiefen Verständnis der „Interaktion zwischen Ökonomie und Psychologie", in eine ähnliche Richtung.

[26]Vgl. Rapp (1995), Marktverhalten, S. 343 ff.; sowie Rapp (1997), Behavioral.

zusammengeführt. Das Modell berücksichtigt zahlreiche Grundlagen der Behavioral Finance, insbesondere die dort dokumentierten Verhaltensanomalien und
kognitiven Verzerrungen, und integriert diese in ein strukturiertes, intertemporal
differenziertes **Mehrphasen-Modell** des Anleger- und Marktverhaltens.[27]

Jede der unterschiedlichen Phasen des Modells lässt sich durch charakteristische Marktzustände genau beschreiben. Diese reflektieren die jeweils vorherrschende psychologische Prägung der Marktteilnehmer und sind durch diese klar
definiert. Die psychologische Prägung ist von externen Variablen sowie vom
jeweiligen Zustand des Marktes innerhalb des Zyklus determiniert, ebenso wie
die Neigungen zur rationalen Aufnahme und Verarbeitung neuer Informationen.
Damit sind sowohl die Qualität der Informationsstruktur als auch die psychologische Grundhaltung und Konditionierung dominanter Teile „des Marktes" direkt
korreliert zum jeweiligen Stand und Verlauf des Zyklus.

Jede der Marktphasen hat damit eine **klare Charakteristik** hinsichtlich Infor-
mationsaufnahme, Informationsverarbeitung, und mentaler Prägung dominanter
Marktteilnehmer. Dies wirkt direkt auf die Dauer, Stabilität und Nachrichtensensitivität **phasenspezifischer Markttrends,** jeweils abhängig vom Stand im Zyklus. „Labile" Phasen der „trendlosen Volatilität" („Random Walk-Typus") mit
hoher Nachrichtensensitivität werden abgelöst von „stabilen" Phasen der „Trend-
bildung und Begleitung", gefolgt von „fiebrigen" Phasen der „Trendakzeleration
und Übertreibung" mit hoher Nachrichten-Resistenz, denen wiederum Phasen der
„Trendwende" und des „kohärenten Abwärtstrends" nachfolgen.[28]

Aus systemtheoretischer Sicht oszillieren die jeweiligen Marktzustände zwischen labilen, trendlosen, volatilen und hochgradig informationssensitiven Phasen (Typus „Random Walk", rational, informationseffizient) sowie stabilen, wenig
nachrichtensensitiven, kohärenten Phasen (Typus „Trend, Marktmoden, Herden-
verhalten, Übertreibungen," kognitiv „ineffizient"). Das Gesamtsystem entwickelt
sich dabei nicht etwa ungeordnet und „zufällig", sondern zeigt ein hohes Maß an
Pfadabhängigkeit und Bestimmtheit[29] (Abb. 4.1).

---

[27]Rapp (1995), Marktverhalten, S. 343 ff., spricht von einem „Dynamischen Marktmodell
mit zyklischem Marktverhalten"; vgl. dazu ausführlich auch: Rapp (1997), Behavioral,
sowie ders., (2000), Wahnsinn.

[28]Vgl. dazu ausführlich: Rapp (1997), Behavioral. Im weiteren Verlauf dieser Arbeit wird
deutlich, dass diese Phasenabhängigkeit sehr gut durch aktuelle Erkenntnisse der neurowissenschaftlichen Forschung begründet werden kann, vgl. dazu unten, Abschn. 5.2–5.4.
sowie weiterführend auch Abschn. 6.3–6.4.

[29]Vgl. dazu analog die Aussagen der neurowissenschaftlichen Analyse unter Kap. 5. Auch
zentrale Ansätze der Komplexitätsforschung bestätigen exakt diese Charakteristik; vgl. dazu
grundlegend: Arthur (1994), Certainty; sowie Arthur (2013), Complexity.

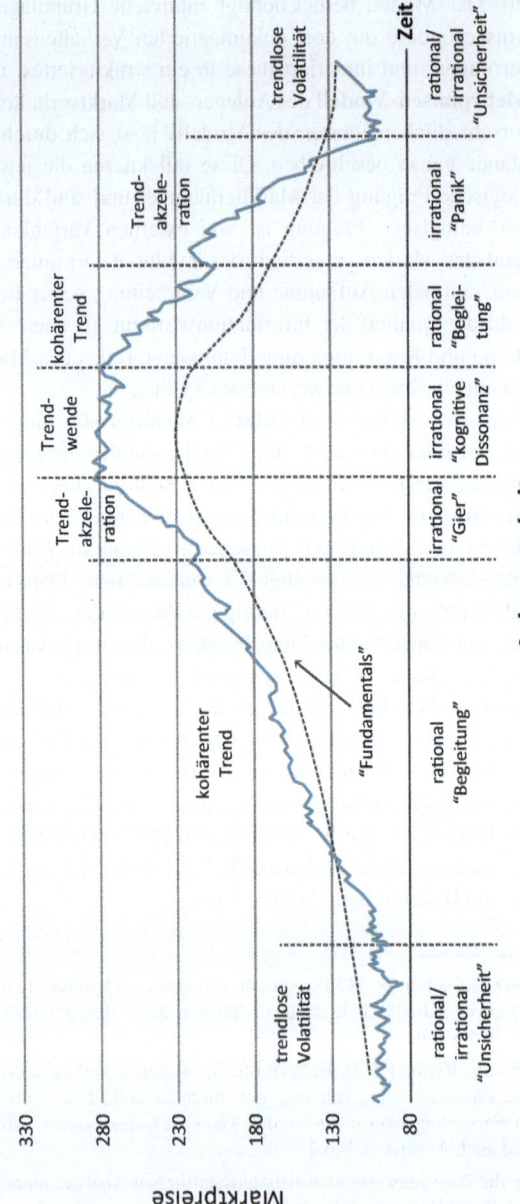

Abb. 4.1 Psychodynamisch fundiertes intertemporales Marktphasenmodell. (Quelle: H.-W. Rapp, „Behavioral Finance" 1997)

Eine zentrale Aussage lautet dabei: „*Kursentwicklungen der Vergangenheit spielen nach diesem Verständnis – im Gegensatz zur den Thesen der Modernen Kapitalmarkttheorie, die von quasi-zufälligen Kursverläufen (Random Walks), von der Irrelevanz historischer Markt- und Kursbewegungen sowie von konstantem, rationalem Verhalten der Marktteilnehmer ausgeht – sehr wohl eine Rolle für Kursentwicklungen der Zukunft.*"[30]

Das **psychodynamische Modell** von Rapp (1995, 1997) vereint Elemente der klassischen Kapitalmarkttheorie mit neueren Erkenntnissen der Informationsökonomie, der Verhaltensökonomie, der markttechnischen Trendanalyse und der Theorie komplexer adaptiver Systeme zu einem sinnvollen und aussagefähigen Gesamtkonzept. Im Rahmen dieses Modells lassen sich reale Kapitalmarktphänomene wie zyklische Übertreibungen, Marktcrashs und mehrjährige „Boom-Bust-Zyklen" widerspruchsfrei erklären.[31]

Auch das scheinbare Paradoxon, wonach reale Kapitalmärkte einerseits das Bild hoher **Informationseffizienz,** andererseits aber auch (massen-)psychologisch geprägter **Irrationalität** vermitteln können, ist in diesem Modell problemlos aufzulösen. Das dort abgeleitete Marktverhalten entspricht einer möglichen Realität, in der Kapitalmärkte zu 80 % der Zeit rational und weitgehend effizient funktionieren, während in 20 % der Zeit starke Verzerrungen, „Biases", Übertreibungen und (massen-)psychologisch geprägte Marktanomalien zu erwarten sind. Auch diese Annahme deckt sich exakt mit neueren Erkenntnissen der neurowissenschaftlichen Analyse.[32]

Es verdient Beachtung, dass im Ergebnis nahezu identische System-Beschreibungen inzwischen auch aus neueren Forschungen der **kognitiven Neurowissenschaften** sowie aus der Perspektive **moderner Komplexitätsforschung** hergeleitet werden können. In den Worten von Arthur (1994): „*... the market possesses a nontrivial 'psychology'.*"[33]

Das Mehrphasen-Modell wird durch die Sicht der Neurowissenschaften grundsätzlich bestätigt, vgl. dazu unten, Abschn. 5.3. Es findet darüber hinaus inzwischen auch eine sehr exakte Entsprechung auf dem neuen Gebiet der Komplexitätsforschung, vgl. dazu grundlegend: Arthur (2015), Complexity, Kap. 3. Arthur (1994) beschreibt ein Zweiphasen-Modell,

---

[30]Rapp (1997), Behavioral, S. 45.

[31]Rapp (1995), Marktverhalten und Rapp (1997), Behavioral, nimmt damit bereits einen zentralen Anspruch der vorliegenden Arbeit vorweg, nämlich das Ziel einer interdisziplinären Integration moderner Forschungsansätze zu einem intertemporal dynamischen Erklärungsmodell für die Eigenschaften realer Kapitalmärkte.

[32]vgl. dazu unten, Abschn. 5.3.

[33]Arthur (1995), Complexity, S. 11.

das zwischen dem „Regime rationaler Erwartungen" und einem zweiten, dem „komplexen Regime", oszilliert: „ ...in the complex regime, self-reinforcing beliefs and self-reinforcing avalanches of change emerge. The rational-expectations theory becomes a special case." (Arthur 1994, Certainty, S. 6).

4.5   Grenzen und neue Perspektiven der Behavioral Finance

Die Grundaussagen der Behavioral Finance sind wichtige und unverzichtbare Bausteine für ein neues, realistischeres Bild realer Kapitalmärkte. Sie sind sowohl grundlegendes Korrektiv für die fehlerhaften Axiome des klassischen Kapitalmarkt-Paradigmas als auch zentraler Ausgangspunkt für eine sinnvolle Evolution und inhaltliche Weiterentwicklung wirtschaftswissenschaftlicher Theorien und Modelle.

Behavioral Finance bietet somit prinzipiell ein alternatives Denkmodell der Wirtschaftswissenschaften, ist jedoch dafür bisher weder vollständig noch hinreichend. Trotz vielversprechender Ansätze und innovativer Beiträge ist Behavioral Finance noch immer keine wirkliche Disziplin.

Stattdessen ähnelt Behavioral Finance einer Sammlung von Fallstudien, Einzel- Experimenten und singulären Ergebnisprotokollen psychologischer Forschung. Behavioral Finance hat deshalb bis heute einen vorwiegend deskriptiv und kasuistisch geprägten Charakter, was einem tieferen Verständnis realer Kapitalmärkte und deren wahrer Komplexität entgegensteht. Lo (2005) bestätigt: *„The behavioral finance literature contains several branches and, unlike the EMH literature, has not yet coalesced into an integrated whole."*[34]

Behavioral Finance dokumentiert zwar die zahlreichen Anomalien und Widersprüchlichkeiten im Verhalten realer Marktteilnehmer. Gleichzeitig fehlen jedoch Beziehungen und Querverbindungen zu anderen Teildisziplinen, und damit auch der wichtige Aspekt einer interdisziplinären Einbettung und Integration. Auch die Frage nach der Erklärbarkeit realer Marktzyklen, also die Fähigkeit zur Ableitung sinnvoller intertemporaler Markmodelle, ist bisher noch weitgehend unbeantwortet.[35]

---

[34]Lo (2005), Behavioral, S. 19.
[35]Intertemporal dynamische Marktmodelle wie die von Vaga (1990) und Rapp (1995, 1997) sind Ausnahmen und bestätigen lediglich die Regel.

Somit konnte das Feld der Behavioral Finance viele hochgesteckte Erwartungen bis heute noch nicht erfüllen. Ihr Charakter als wissenschaftliche Disziplin und Quelle eines neuen Kapitalmarkt-Paradigmas ist unklar, zumindest aber unvollständig.

Die grundsätzlichen Erkenntnisse und Thesen der Behavioral Finance sollten deshalb weder ignoriert noch relativiert, sondern gezielt erweitert, ergänzt und mit den Einsichten anderer Forschungsfelder vernetzt werden. Die Tatsache, dass lange Zeit sehr umstrittene Ansätze der experimentellen Psychologie und Wirtschaftsforschung inzwischen auch von der orthodoxen Wissenschaft anerkannt werden – ablesbar nicht zuletzt an diversen Nobelpreisen der letzten Jahre – gibt dem Feld der Behavioral Finance inzwischen aber eine deutlich erhöhte wissenschaftliche Kredibilität. So erhielten in den letzten 15 Jahren mit Daniel Kahneman, Vernon Smith und Robert Shiller diverse Vertreter einer experimentell-verhaltenswissenschaftlichen Schule diese Auszeichnung.

▶   **Notwendig für eine solche zielgerichtete Weiterentwicklung der Behavioral Finance erscheinen speziell[36]**

- eine bessere inhaltliche und konzeptionelle Fundierung, speziell im Kontext der modernen **Kognitionsforschung und kognitiven Neurowissenschaften**
- eine verstärkte Vernetzung und Integration mit anderen wissenschaftlichen Disziplinen, wie etwa der **Informationsökonomie, der Systemtheorie sowie der Komplexitätsforschung** (inklusive Ansätzen der Evolutions- und Emergenzforschung sowie der Chaostheorie)
- eine dezidierte Erforschung **dynamischer Marktmodelle,** auf der Grundlage asymmetrischer Informationsprozesse, progressiver Informationsdiffusion, rekursiver Selbstreferenz und intertemporaler Zyklik
- eine zielgerichtete Entwicklung **ganzheitlicher Analysemethoden** und Erklärungsmodelle, sowohl für die Wirtschaftswissenschaften als auch für die Kapitalmarktforschung

---

[36]Diese Forderung wird in ähnlicher Form bereits von Rapp (1995), Marktverhalten, S. 484, formuliert: „Diese 'neue' Betrachtungsebene scheint geeignet, zahlreiche zyklische (oder allgemein: 'nichtlineare') Phänomene realer Kapitalmärkte widerspruchsfrei zu erklären."

▶ **Bei einer kritischen Würdigung der Behavioral Finance sollte zudem deren zeitlich und inhaltlich fortschreitender Entwicklungspfad berücksichtigt werden**
- Die erste Phase der Behavioral Finance war geprägt von der Feststellung charakteristischer **„Kapitalmarkt-Anomalien".**[37]
- Die zweite Phase betonte den Aspekt der Soziologie, also die Interpretation von **Kapitalmärkten als sozialem Prozess.**[38]
- Die dritte Phase formulierte den Anspruch einer **individuell-psychologischen Fundierung** für Verhalten an Kapitalmärkten.[39]
- Die vierte Phase ist bisher nur in Ansätzen erkennbar: Sie widmet sich dem Versuch einer ganzheitlichen Logik und **systemischer Erklärungsmodelle.**[40]
- Eine zukünftige fünfte Phase sollte sich verstärkt der **interdisziplinären Einbindung und Weiterentwicklung** widmen; dabei sollten speziell neue Themen wie die **Kognitionsforschung** berücksichtigt werden. Der weitere Verlauf dieser Arbeit wird insbesondere die fünfte Phase adressieren.[41]

Literatur

Adler, P. A./Adler, P. (1984; Behavior), The market as collective behavior, in: Adler, P. A./ Adler, P. (Hrsg.), The social dynamics of financial markets, Greenwich (Ct.)/London 1984, S. 85–105.

Adler, P. A./Adler, P. (1984; Sociology), Toward a sociology of financial markets, in: Adler, P. A./Adler P. (Hrsg.), The social dynamics of financial markets, Greenwich (Ct.)/London 1984, S. 195–201.

Akerlof, G. A./ Shiller, R. J. (2009; Spirits), Animal Spirits, Princeton University Press, Princeton 2009.

Arthur, W. B. (1994; Certainty), The End Of Certainty In Economics, in: Einstein Meets Magritte, D. Aerts, J. Broekaert E. Mathijs, eds. 1999, Kluwer Academic Publishers,

---

[37]Vgl. Dimson (1988), Anomalies.

[38]Vgl. Adler und Adler (1984), Behavior; dies. (1984), Sociology; Klausner (1984), Behavior.

[39]Vgl. Shiller (1984), Dynamics; Kahneman und Tversky (1979), Prospect.

[40]Vgl. Vaga (1990), Coherent; Rapp (1997), Behavioral, sowie Rapp (2000), Wahnsinn.

[41]Vgl. dazu unten, Kap. 5 („Kognitionsforschung") und Kap. 6 („Cognitive Finance").

Holland, S. 1–6, reprinted in: Clippinger, J.H., The Biology of Business, ed., 1999, Jossey-Bass Publishers.

Arthur, W. B. (1995; Complexity), Complexity in economic and financial markets: Behind the physical institutions and technologies of the marketplace lie the beliefs and expectations of real human beings, in: Complexity, Vol. 1, No. 1, 1995, S. 20–25.

Arthur, W. B. (2013; Complexity), Complexity Economics: A different Framework for Economic Thought, in: SFI Working Paper 2013-04-012.

Arthur, W. B. (2015; Complexity), Complexity and the Economy, Oxford University Press, New York 2015.

Black, F. (1986; Noise), Noise, in: Journal of Finance, Vol. 41, No. 3, 1986, S. 529–543.

Camerer, C. (1989; Fads), Bubbles and Fads in Asset Prices, in: Journal of Economic Surveys, Vol. 3, No. 1, 1989, S. 3–41.

Cortés, A. (2000; Masse), Die vernetzte Masse – Parteienbildung und Erwartungen an der Börse, in: Jünemann B./Schellenberger D. S. (Hrsg.), Psychologie für Börsenprofis – Die Macht der Gefühle bei der Geldanlage, Schäffer-Poeschel Verlag, Stuttgart 2000, S. 67–82.

De Long, J. B./Shleifer, A./Summers, L. H./Waldmann, R. J. (1990; Feedback), Positive feedback investment strategies and destabilizing rational speculation, in: Journal of Finance, Vol. 45, No. 2, 1990, S. 379–395.

De Long, J. B./Shleifer, A./Summers, L. H./Waldmann, R. J. (1991; Survival), The survival of noise traders in financial markets, in: Journal of Business, Vol. 64, No. 1, 1991, S. 1–19.

Dimson, E. (1988; Anomalies), Stock market anomalies, Cambridge University Press, Cambridge 1988.

Gigerenzer, G./Todd, P. M./A.B.C. Research Group (1999; Heuristics), Simple Heuristics That Make Us Smart, Oxford University Press, New York 1999.

Gilad, Benjamin/Kaish, Stanley (1986; Behavioral), Handbook of behavioral economics, Volume B, Greenwich (Ct.)/London 1986.

Granger, C. W. J./Morgenstern, O. (1970; Predictability), Predictability of stock market prices, JAI Press, Lexington (Ma.) 1970.

Grossman, S. J./Stiglitz, J.E. (1980; Impossibility), On the impossibility of informationally efficient markets, in: American Economic Review, Vol. 70, No. 3, 1980, S. 393–408.

Jensen, M. C. (1978; Evidence), Some anomalous evidence regarding market efficiency, in: Journal of Financial Economics, Vol. 6, 1978, S. 95–101.

Kahnemann, D. (2011; Thinking), Thinking fast and slow, Penguin, London 2011.

Kahnemann, D./Tversky, A. (1979; Prospect), Prospect theory: An analysis of decision under risk, in: Econometrica, Vol. 47, No. 2, 1979, S. 263–291.

Keynes, J. M. (1936; Theorie), Allgemeine Theorie der Beschäftigung, des Zinses und des Geldes (übers. v. Fritz Waeger, Titel des Originals: The general theory of employment, interest and money), Berlin 1936 (zitiert nach der 6. unveränderten Aufl. 1983).

Klausner, M. (1984; Behavior), Sociological theory and the behavior of financial markets, in: Adler, P.A./Adler, P. (Hrsg.), The social dynamics of financial markets, Greenwich (Ct.)/London 1984, S. 57–81.

Lo, A. W. (2005; Behavioral), Reconciling efficient markets with behavioral finance – The adaptive markets hypothesis, in: Journal of investment consulting, Vol. 7, No. 2, 2005.

Oehler, A. (1991; "Anomalien"), "Anomalien" im Anlageverhalten, in: Die Bank, Nr. 11, 1991, S. 600–607.

Oehler, A. (1992; "Anomalien"), "Anomalien", "Irrationalitäten" oder "Biases" der Erwartungsnutzentheorie und ihre Relevanz für Finanzmärkte, in: Zeitschrift für Bankrecht und Bankwirtschaft, 4. Jg., Nr. 2, 30. Mai 1992, S. 97–124.

Rapp, H.-W. (1995; Marktverhalten), Der Markt für Aktien-Neuemissionen – Preisbildung, Preisentwicklung und Marktverhalten bei eingeschränkter Informationseffizienz, Diss. Mannheim 1995.

Rapp, H.-W. (1997; Behavioral), Behavioral Finance: Paradigmenwechsel in der Kapitalmarktforschung und Grundlage eines ganzheitlichen Anlagemanagements, GBR Ernst & Young, Bern 1997.

Rapp, H.-W. (2000; Wahnsinn), Der tägliche Wahnsinn hat Methode – Behavioral Finance: Paradigmenwechsel in der Kapitalmarktforschung, in: Jünemann B./Schellenberger D. S. (Hrsg.), Psychologie für Börsenprofis – Die Macht der Gefühle bei der Geldanlage, Schäffer-Poeschel Verlag, Stuttgart 2000, S. 85–123.

Shiller, R. J. (1984; Dynamics), Stock prices and social dynamics, in: Brookings Papers on Economic Activity, Vol. 2, 1984, S. 457–498.

Shiller, R. J. (1989, Fashions), Fashions, fads, and bubbles in financial markets, in: Shiller, R. J., Market volatility, MIT Press, Cambridge (Ma.)/London 1989, S. 49–68.

Shiller, R. J. (1989; Volatility), Market volatility, MIT Press, Cambridge (Ma.)/London 1989.

Shiller, R. J. (2002; Exuberance), Irrational Exuberance, Princeton University Press, Princeton 2002.

Shiller, R. J. (2008; Subprime), Subprime Solution: How Today's Global Financial Crisis Happened, and What to Do About It, University Press Group Ltd., Princeton 2008.

Shleifer, A./Summers, L. H. (1990; Noise), The noise trader approach to finance, in: Journal of Economic Perspectives, Vol. 4, No. 2, 1990, S. 19–33.

Unser, M. (1999; Behavioral), Behavioral Finance am Aktienmarkt, Uhlenbruch Verlag, Bad Soden/Ts. 1999.

Vaga, T. (1990; Coherent), The coherent market hypothesis, in: Financial Analysts Journal, 1990, Nov–Dec, S. 36–49.

Neue Perspektiven aus Neurowissenschaft und Kognitionsforschung

5.1 Menschliches Verhalten als Black Box

Im Jahr 1985 veröffentlichte der an der Harvard University lehrende Professor Howard Gardner ein Buch unter dem Titel „The Mind's New Science. A History of the Cognitive Revolution". Was war so revolutionär an der „neuen" Wissenschaft des Geistes? Schließlich hatte die Kognitionsforschung, wie Gardner selber feststellt „....eine sehr lange Vergangenheit, aber eine relativ kurze Geschichte."[1] (Abb. 5.1).

Die Vergangenheit begann mit den griechischen Philosophen, die ansetzten, über Ursprung, Speicherung und Verteilung des Wissens nachzudenken und darauf aufbauend die Lehre des Seins zu entwickeln. Der Begriff der Kognition war dabei lange nur eine Fußnote. Selbst in der Psychologie kam er bis 1948 nicht vor. Der Psychologe Karl Lashley führte den Begriff der **„Kognitionspsychologie"** als Gegenentwurf zum damals vorherrschenden Paradigma des Behaviorismus auf einem Fachkongress von Psychologen in San Francisco ein.[2]

Der Behaviorismus hatte ein mechanistisches Verständnis der Psychologie. Das Gehirn galt als eine passive „Durchlauf-Maschine", die durch exogene Ereignisse quasi ein- und ausgeschaltet wurde. Handlungen erfolgten ausschließlich aufgrund von Umwelteinflüssen. Kreativität baute sich über exogene Signale auf, endogen herrschte Leere.

Für heutige Begriffe stellt der Behaviorismus eine recht krude psychologische Theorie dar. Zu seiner Verteidigung sind zwei Anmerkungen anzubringen. Die erste ist, dass der Behaviorismus das Feld der Psychologie von der „Spekulation"

---

[1]Gardner (1989), Spur, S. 21.
[2]Vgl. Gardner (1989), Spur, S. 21 ff.

© Springer Fachmedien Wiesbaden GmbH 2017
H. Rapp und A. Cortés, *Cognitive Finance*,
DOI 10.1007/978-3-658-18643-2_5

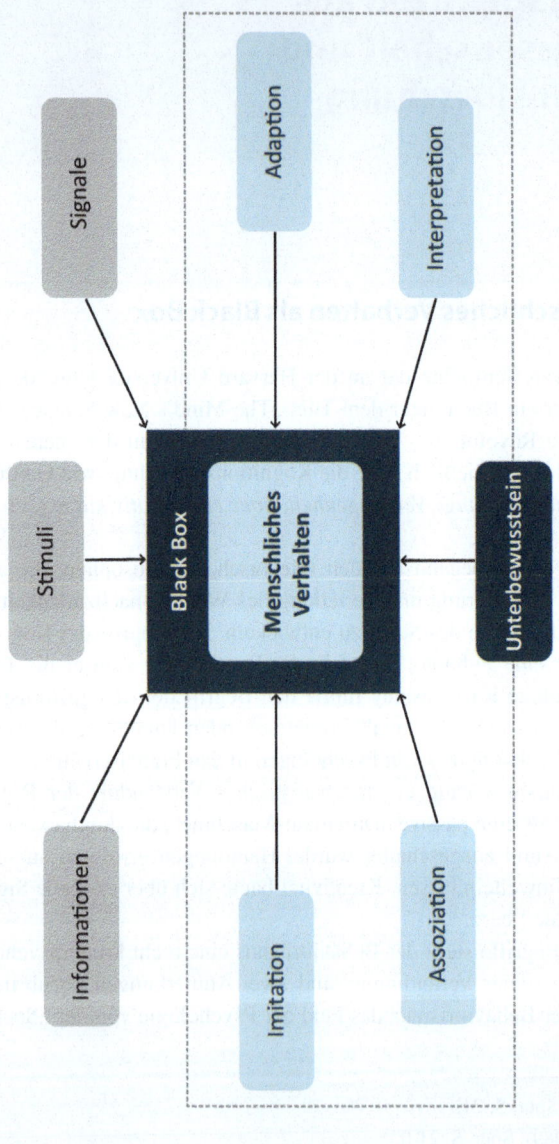

Abb. 5.1 Menschliches Verhalten als Black Box. (Quelle: Eigene Darstellung, H.-W. Rapp und A. Cortés 2016)

in die „Wissenschaft" führte. Zuvor wurde Psychologie aus der Introspektion betrieben. Die Vorstellung der eigenen Reaktion auf exogene Reize, die Entstehung von Gefühlen und der Aufbau von Entscheidungen stellte die Grundlage dar für die Formulierung allgemein gültiger Normen. Die zweite Verteidigung liegt darin, dass der Behaviorismus teilweise durch jene Richtung rehabilitiert wird, die man Konnektivität nennt und die versucht, die Verschaltungen im Gehirn und ihre Plastizität im Dienste der Kognitionsforschung und der Medizin zu ergründen. Einer der führenden Wissenschaftler auf diesem Gebiet ist der am Massachusetts Institute of Technology forschende und lehrende Sebastian Seung. Sein Buch „Das Konnektom" behandelt das **Konnektivitätsthema** dezidiert.[3]

Im Gegensatz zum Behaviorismus vertrat Lashley die These, dass Informationsverarbeitung, Bildung von Interpretationen sowie Herstellung von Wissen organische Leistungen des Gehirns seien. Der Begriff der Kognitionspsychologie wurde daraufhin in diese neue Richtung geprägt, die sich danach auch an den psychologischen Fakultäten durchsetzte.[4]

Der Begriff der **Kognitionswissenschaft** entstand erst 1956, als George Miller sich daran machte, eine interdisziplinäre Koalition aus Anthropologen, Philosophen und Psychologen in Verbindung mit künstlicher Intelligenz zur Kognitionswissenschaft zu verschmelzen:

> Bewaffnet mit Hilfsgeräten und Konzepten, die noch vor 100 Jahren unvorstellbar waren, erforscht heute eine neue Riege von Denkern, die man ‚Kognitionsforscher' nennt, viele Fragen, die schon vor 2 ½ Jahrtausenden die Griechen fesselten. Wie ihre damaligen Kollegen, so fragen sich Kognitionsforscher heute, was es bedeutet, etwas zu wissen und richtige Überzeugungen zu haben, oder unwissend oder im Irrtum befangen zu sein.[5]

Während rund 40 Jahren wurde debattiert, ob die Kognitionswissenschaft sich rein geisteswissenschaftlich orientieren solle oder ob auch Naturwissenschaften zuzulassen seien. Mit dem Aufkommen moderner bildgebender Analyseverfahren in der Gehirnforschung entstand eine revolutionär neue Kognitionswissenschaft unter dem Begriff der **kognitiven Neurowissenschaft,** die mittlerweile an mehreren Universitäten mit Lehrstühlen vertreten ist. Teilbereiche aus Neurobiologie,

---

[3]Vgl. Seung (2013), Konnektom.
[4]Vgl. dazu grundlegend: Lashley (1929), Brain.
[5]Gardner (1989), Spur, S. 16. Vgl. dazu auch Millers rückblickende Beschreibung dieser Zeit in: Miller (2003), Revolution.

Neurophysiologie, Neuropsychologie, Neurologie und Neuropsychiatrie bilden heute die kognitive Neurowissenschaft, die sich nach Jäncke (2013) mit den neuronalen Mechanismen befasst, die kognitiven und psychischen Funktionen zugrunde liegen.[6]

Ob diese junge, dynamische Wissenschaft die verhaltensbestimmende **Black Box,** das menschliche Gehirn, jemals vollständig wird entschlüsseln können, ist eine noch offene Frage. Einer der führenden Gehirnforscher, Wolf Singer (2002), stellt fest: *„Die Erforschung des menschlichen Gehirns ist ein eigentümliches, weil letztlich zirkuläres Unterfangen. Ein kognitives System versucht sich selbst zu ergründen, indem es sich im Spiegel naturwissenschaftlicher Beschreibungen betrachtet. "*[7]

Selbst das „Ich", geschweige denn das Gegenüber, scheint einem vollständigen Zugang verschlossen zu sein, denn wie der führende Neurobiologe Gerhard Roth feststellt: *„Von dem grössten Teil des Ich oder Selbst, nämlich dem unbewussten, merken wir erst einmal gar nichts. "*[8] Roth (2007) dazu weiter: *„Wir sind eine Unmenge verschiedener Erlebniszustände... Wir sind nicht ein Ich, sondern mehrere Ich-Zustände, die sich aufeinander beziehen. Und: Wir sind uns selber undurchdringlich. "*[9] Und ergänzend: *„Das Ich ist also eine Gestalt, eine Vielheit mit einem gemeinsamen Schicksal, und diese Gestalt ist dynamisch, nicht statisch. Das Ich wandelt sich und erzeugt zugleich ein Kontinuum... ".*[10]

Diese faszinierenden Ausführungen aus dem Gebiet der kognitiven Neurowissenschaft machen bereits deutlich, dass menschliches Bewusstsein, und damit auch menschliches Verhalten, tatsächlich noch als „Black Box" interpretiert werden muss. Damit ist ebenfalls klar, dass der stets rational agierende „homo oeconomicus" nur ein anmaßendes Wunschbild sein kann, das höchstens als abstruse Erfindung orthodoxer Wirtschaftswissenschaften in Erinnerung bleiben wird.[11]

Zu Bescheidenheit tragen auch die in der kognitiven Neurowissenschaft geführten, intensiven und rund drei Jahrzehnte umfassenden Debatten – über den Umfang und die Art der Willensfreiheit, mit der der Mensch ausgestattet ist – bei.

---

[6]Vgl. Jäncke (2013), Neurowissenschaften, S. 23. Jäncke ist Inhaber des Lehrstuhls für Neuropsychologie an der Universität Zürich und in dieser Funktion einer der führenden Kognitionsforscher in Europa.

[7]Singer (2002), Beobachter, S. 9.

[8]Roth (2007), Entscheidung, S. 71.

[9]Roth (2007), Entscheidung, S. 72.

[10]Roth (2007), Entscheidung, S. 74.

[11]Vgl. dazu nochmals rückblickend: Kirchgässner (1991), Oeconomicus.

Die Frage der Willensfreiheit ist von großer Relevanz für viele Aspekte menschlicher Organisation, darunter auch für die Finanzmärkte.

Es geht darum, Verständnis für die eigene Position im **„sozialen System Finanzmarkt"** zu entwickeln und gleichzeitig stets in Betracht zu ziehen, dass Finanzmarktpreise nicht jederzeit fundamental ökonomische Gegebenheiten widerspiegeln müssen. Dies hat nicht mit Rationalität oder Irrationalität zu tun, sondern mit der beschränkten Willensfreiheit der Akteure. Bereits bei der Wahl, welche Informationen wie zu gewichten sind, spielt diese Einschränkung eine Rolle. Der Grund liegt nach Aussage von Roth (2012) darin, dass menschliche Akteure *„...die vielen Faktoren, die unseren Willen bedingen..."* gar nicht wirklich erleben:

> Diese kommen als unbewusste Antriebe und Motive aus den verschiedenen «Schichten» unseres limbischen Systems und sind teils genetisch bedingt oder wurden in der Zeit vor, während und in den ersten drei Jahren nach der Geburt erworben, d. h. zu einer Zeit, in der unser erinnerungsfähiges Gedächtnis noch nicht voll ausgebildet war. Weiterhin bestimmen unser Wollen und Entscheiden solche Inhalte (Erlebnisse, Erfahrungen, Assoziationen) unseres Gedächtnisses, die einmal bewusst waren und jetzt ins Un- bzw. Vorbewusste abgesunken sind. Und schließlich sind es sogenannte subliminale Wahrnehmungen, die die Schwelle zum Bewusstsein nicht überschreiten und uns dennoch beeinflussen.[12]

Diese kurzen Ausführungen aus der Avantgarde moderner Gehirn – und Kognitionsforschung machen deutlich, dass das Bild vom menschlichen Verhalten als „Black Box" mehr als gerechtfertigt scheint. Trotz aller Einschränkungen gibt es jedoch ein „Fenster" in diese „Black Box", dessen Größe nicht nur vom Beobachteten abhängt, sondern auch vom Beobachtenden.

Diesem „Fenster" widmet sich eine spezielle, stark interdisziplinäre Forschungsrichtung, die mit dem Begriff **„Theory of Mind"** (kurz ToM) bezeichnet wird. In diesem von enormer Tiefe geprägten Gebiet, das sich mit Philosophie, Ökonomie, Neurobiologie und Religion befasst, geht es um die allen Menschen gegebene Fähigkeit – die von sogenannten Spiegelneuronen gesteuert wird – sich in andere hineinzuversetzen. Das ist nach Einschätzung führender Kognitionsforscher Voraussetzung dafür, dass Kultur entstehen konnte, und daneben auch

---

[12]Roth (2012), Willensfreiheit, S. 216. Roth stellt dazu weiter fest, dass wir „an den Fäden des Unbewussten" hängen, deren „Macht" wir nicht „unmittelbar" bemerken.

wichtige Grundlage für die Einordnung des „Selbst" in eine Gemeinschaft, bis hin zur Koordination individueller Handlungen mit dem Marktprozess.[13]

Der Gehirnforscher Wolf Singer (2002) präzisiert:

> Mir scheint hingegen, dass die Ich-Erfahrung bzw. die subjektiven Konnotatio- nen von Bewusstsein kulturelle Konstrukte sind, soziale Zuschreibungen, die dem Dialog zwischen Gehirnen erwuchsen und deshalb aus der Betrachtung einzelner Gehirne nicht erklärbar sind. Die Hypothese, die ich diskutieren möchte, ist, dass die Erfahrung, ein autonomes, subjektives Ich zu sein, auf Konstrukten beruht, die im Laufe unserer kulturellen Evolution entwickelt wurden. Selbstkonzepte hätten dann den ontologischen Status einer sozialen Realität. In die Welt kamen diese wie die sie ermöglichenden Kulturen erst, nachdem die Evolution Gehirne hervorge- bracht hatte, die zwei Eigenschaften aufwiesen: erstens, ein inneres Auge zu haben, also über die Möglichkeit zu verfügen, Protokoll zu führen über hirninterne Pro- zesse, diese in Metarepräsentationen zu fassen und deren Inhalt über Gestik, Mimik und Sprache anderen Gehirnen mitzuteilen; und, zweitens, die Fähigkeit, mentale Modelle von den Zuständen der je anderen Gehirne zu erstellen, eine «theory of mind» aufzubauen, wie die Angelsachsen sagen.[14]

Diese Ausführungen sind von zentraler Bedeutung für eine **realistische Sicht** auf menschliches Verhalten; ganz generell, aber auch und gerade an Finanzmärkten. Das Ausmaß der Fähigkeit, sich in kognitive Schemata anderer hineinzuverset- zen, beeinflusst zwingend den Erfolg des Einzelnen in **Systemen doppelter Kontingenz,** in welchen – wie an den Börsen – das Verhalten des Einzelnen am Verhalten anderer ausgerichtet wird.[15]

Sowohl Finanzmarktakteure als auch die orthodoxe Finanzwissenschaft und Kapitalmarktforschung haben also eine – bisher noch ignorierte – **Holschuld** im Bereich der kognitiven Neurowissenschaft. Diese zeigt sich durchaus aufge- schlossen für neue Anwendungen:

> Eine weitere Attraktion der Hirnforschung liegt darin, dass natürliche Gehirne als ideale Modelle für das Studium von Wechselwirkungen in komplexen, sich selbst organisierenden Systemen erkannt werden. In keiner anderen uns bekannten Struk- tur sind so viele Einzelelemente zu einem funktionstüchtigen Ganzen verkoppelt. Das Nervensystem ist «lebender Beweis» dafür, dass komplexe, stark vernetzte Systeme stabile Zustände einnehmen können und zu zielgerichtetem Handeln fähig

---

[13]Vgl. dazu Förstl (2012), Mind.

[14]Singer (2002), Beobachter, S. 73.

[15]Auch hier scheint erneut der Hinweis auf das alte Beispiel von Keynes und seinem „Schönheitswettbewerb" angebracht; vgl. dazu bereits oben, Abschn. 4.3.

sind, obgleich sie einer übergeordneten Steuerzentrale entbehren. Die Hoffnung ist nun, dass ein vertieftes Verständnis des Gehirns helfen wird, jene Regeln zu erkennen, die zur Stabilisierung und Selbstorganisation hochkomplexer, dynamischer Systeme beitragen. Diese Regeln sind deshalb von erheblicher Bedeutung, da ähnliche Organisationsprobleme in Öko- und Wirtschaftssystemen, aber auch in sozialen Systemen auftreten.[16]

Rund 20 Jahre nach Fundierung der kognitiven Neurowissenschaft veröffentlichte der Wissenschaftsjournalist Matthias Eckoldt eine Sammlung von Interviews mit führenden Gehirnforschern unter dem Titel *„Kann das Gehirn das Gehirn verstehen?"*.[17] Darin erklärte der Neurophysiologe Wolf Singer, weniger über das Gehirn zu wissen als er 20 Jahre zuvor zu wissen glaubte.

▶ Trotz aller Dynamik und Fortschritte der Forschung wird man gut daran tun, sich stets an folgende grundlegende Feststellung Singers (2002) zu erinnern: *„Am Ende dieses Jahrtausends, etwa 300 Jahre nach Beginn der Aufklärung, haben die Wissenschaften, auch die sogenannten exakten, zu der ihr gebotenen Bescheidenheit zurückgefunden. Theorien und Modelle werden als Konstrukte begriffen, die zwar gewissen Gesetzen logischen Schliessens und bestimmten funktionalen Kriterien genügen müssen, jedoch keinen Anspruch auf absolute Wahrheit, auf immerwährende Gültigkeit erheben können."*[18]

Fazit

Festzuhalten bleibt: Um sich der „Black Box" menschlichen Verhaltens nähern zu können, ist es zwingend notwendig, diejenigen Erkenntnisse der modernen kognitiven Neurowissenschaft zu beachten, die zum Verständnis menschlicher Handlungen unter dem Regime von Ungewissheit und (oftmals) Zeitdruck erforderlich sind. Primär also:

- Teilbereiche aus Neurobiologie, Neurophysiologie, Neuropsychologie, Neurologie und Neuropsychiatrie stellen die Grundlage der kognitiven Neurowissenschaft dar.

---

[16]Singer (2002), Beobachter, S. 36.

[17]Vgl. Eckoldt (2014), Gehirn.

[18]Singer (2002), Beobachter, S. 181 f. Dieses Zitat spricht für sich selbst und reflektiert eine intellektuelle Redlichkeit und Bescheidenheit, die bei orthodoxen Verteidigern der Effizienzmarkthypothese oftmals zu fehlen scheint.

- Die kognitive Neurowissenschaft befasst sich mit den neuronalen Mechanismen **kognitiver Prozesse und psychischer Funktionen.**
- Das Unterbewusstsein definiert durch zahlreiche „hinterlegte" **Erfahrungen** und **„Muster"** die Perspektive, innerhalb deren willentliche, bewusst wahrgenommene Entscheide getroffen werden können.
- Das Unterbewusstsein legt fest, welche neue **Information** jeweils mit welchem vorhandenen **Wissensbestand** assoziiert wird und welche **Assoziation** dann für anstehende **Entscheidungsprozesse** herangezogen wird.
- Wie die **Theory of Mind** belegt, versetzt jeder Mensch sich in kognitive Schemata anderer hinein und passt das eigene Verhalten entsprechend an. Heterogene Erwartungen aufgrund subjektiver Erkenntnisse werden dadurch „abgemildert" und „sozial koordiniert".

5.2   Erkenntnisbeitrag der kognitiven Neurowissenschaft

Finanzmärkte sind hochgradig kommunikationsintensive öffentliche Veranstaltungen. Unter dem Sammelbegriff der „Information" werden Meldungen, Mitteilungen, Nachrichten und selbst Gerüchte subsumiert. Dazu kommt eine nicht zu unterschätzende Fülle an **nonverbaler Kommunikation** in Form von Preissignalen und quantitativen Daten. Selektion, Rezeption, Interpretation der riesigen Informationsmenge, die Bildung von Erwartungen und deren Umsetzung approximativ zu verstehen, ist der **Erkenntnisbeitrag der kognitiven Neurowissenschaften** (Abb. 5.2).

Leicht in Vergessenheit gerät dabei, dass nicht nur das Gehirn, sondern ein Großteil des Nervensystems daran beteiligt ist. Nicht zu Unrecht stellt Arnold Gehlen fest, dass *„die gesamte Gesetzlichkeit menschlicher Leistungen irgendwie"* im Nervensystem vertreten sei.[19] Damasio (1997) hat mit der **Hypothese somatischer Marker** gezeigt, dass körperliche Zustände direkten Einfluss auf kognitive Prozesse nehmen können: *„Wenn ein negativer somatischer Zustand den Gedanken, die Investition vorzunehmen, begleitet, wird es Ihnen leichter fallen, die Möglichkeit zu verwerfen und eine genauere Analyse der potentiell nachteiligen Folgen vorzunehmen. Der mit der Zukunft verknüpfte negative Zustand wirkt der verlockenden Aussicht auf sofortige umfangreiche Belohnung entgegen."*[20]

---

[19]Zitiert in Förstl (2012), Mind, S. 9.
[20]Damasio (1997), Irrtum, S. 234.

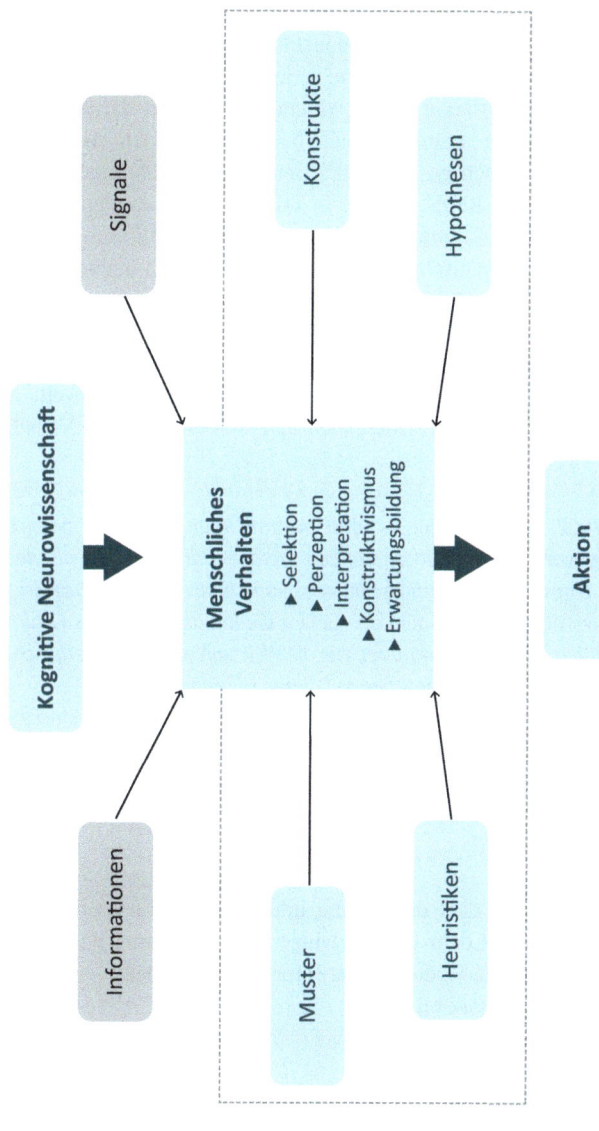

Abb. 5.2 Erkenntnisbeitrag der kognitiven Neurowissenschaft. (Quelle: Eigene Darstellung H.-W. Rapp und A. Cortés 2016)

Damasios Forschung konzentrierte sich über viele Jahre auf Patienten, die durch Krankheit oder Trauma Gehirnläsionen erlitten hatten. Dabei stellte er fest, dass Verletzungen des Frontallappens mit deutlichen Persönlichkeitsveränderungen einhergingen. Die intellektuellen Fähigkeiten blieben erhalten, jene, sich in der Gesellschaft zurechtzufinden, gingen verloren. Damasios Forschung führte zur Theorie somatischer Marker, deren wesentlicher Aspekt darin besteht, dass menschliche Entscheidungen durch Gefühle beeinflusst werden. Als „somatische Marker" werden „körperlich gespeicherte" Emotionen, Erfahrungen, Erinnerungen bezeichnet, die über Reizschwellen in kritischen Entscheidungssituationen – quasi als „physisches Erfahrungsgedächtnis" – sehr schnell vom Gehirn abgerufen werden können. Somatische Marker stehen damit auch in enger Beziehung zum Phänomen der „Heuristiken".

Am Anfang des Verstehens, was die Informationsflut bedeutet, steht die Erkenntnis, dass das Gehirn nicht ein passiver Empfänger von Information ist. Vielmehr gestaltet es diese aktiv zu einem **Konstrukt der Außenwelt,** welches nicht vollständig mit den real existierenden und sich entfaltenden Verhältnissen übereinstimmt.

▶   Singer (2002) erklärt dazu: *„... dass Wahrnehmung nicht als passive Abbildung von Wirklichkeit verstanden werden darf, sondern als das Ergebnis eines außerordentlich aktiven, konstruktivistischen Prozesses gesehen werden muss, bei dem das Gehirn die Initiative hat. Das Gehirn bildet ständig Hypothesen darüber, wie die Welt sein sollte, und vergleicht die Signale von den Sinnesorganen mit diesen Hypothesen."*[21]

Analog verweist auch Arthur (2000) auf eine der zentralen Einsichten der Komplexitätsforschung: „Data – literary or economic – have no inherent meaning. They acquire meaning by our bringing meaning to them. And different people, with different experiences, will construct different meanings."[22]

Die gängige Vorstellung, dass die gleiche Information für jedermann auch die gleiche Bedeutung hat, ist demzufolge zwingend falsch. Damit wird der Begriff der Informationssymmetrie – oder gar der Informationseffizienz – von der kognitiven Neurowissenschaft stark relativiert.

---

[21]Singer (2002), Beobachter, S. 72.
[22]Arthur (2000), Cognition, S. 3.

▷   Roth (2003) stellt dazu fest „...*dass es keinen abbildhaften Zusammenhang zwischen den Vorgängen in der Welt und den Inhalten unserer
Wahrnehmung gibt. Die Vorgänge in der Welt bilden sich nicht direkt im
Gehirn ab, sondern bewirken Erregungen in den Sinnesorganen, die zur
Grundlage von Konstruktionsprozessen unterschiedlicher Komplexität
und Beeinflussung durch Lernprozesse werden, an deren Ende unsere
bewussten Wahrnehmungsinhalte stehen. Aus den Wahrnehmungsinhalten selbst lässt sich umgekehrt nicht die Beschaffenheit der bewusstseins-
unabhängigen Welt erschließen, weil das, was von ‹draußen› kommt,
von dem, was das konstruktive Gehirn wieder ‹hinzutut›, nicht verlässlich
unterschieden werden kann. Diese Anschauung wird durch die Sinnes-
und neurophysiologische Forschung voll bestätigt.*"[23]

Eine weitere, in Zusammenhang mit der Informationsthematik stehende **neuro-
biologische Eigenschaft** liegt darin, dass menschliche Gehirne sehr schnell auf
dem Wege einer **„Mustererkennung"** unvollständige Teilinformationen zu einem
kohärenten Ganzen ergänzen. In den Worten von Arthur (2000): „...*we are fast
pattern completers.*"[24]

Beispiel

Ein plastisches Beispiel verdeutlicht dies: Hinter einer Hausecke ragt ein Katzenschwanz hervor. Der Beobachter schließt daraus, dass er zu einer Katze
gehört, die sich hinter der Hausecke befindet. Das mag so sein. Es kann aber
auch sein, dass ein Katzenschwanz an einem Dreirad festgemacht wurde, das
ein kleiner Junge um die Hausecke abgestellt hat.[25]

Dieses Beispiel mag banal erscheinen, doch in gleicher Weise verarbeiten auch
die Gehirne von Finanzmarktteilnehmern die zahlreichen Meldungen, die täglich
über Bildschirme, Monitore und Kursticker laufen: Unvollständige Informationen werden vom Gehirn blitzschnell zu einem sinnvoll erscheinenden Gesamtbild
ergänzt. Dieses kann aber von Individuum zu Individuum ganz anders aussehen,
je nach den im jeweiligen Gehirn abgelegten Erinnerungen, Verknüpfungen,

---

[23]Roth (2003), Sicht, S. 84.

[24]Arthur (2000), Cognition, S. 3, der sich dabei bezieht auf Aussagen von: Clark (1993),
Engines.

[25]Dieses Beispiel findet sich häufiger in Fachbüchern zum Thema. Es wird unter anderem
auch verwendet bei: Arthur (2000), Cognition, S. 3 ff.

Heuristiken und sonstigen Mustern, und weiter beeinflusst durch den jeweils vorherrschenden „Körper- und Gemütszustand", also individuelle Ausprägungen somatischer Marker.

Teilaspekte eines ursprünglichen Musters aufgrund der bereits geprägten Verbindungen zum gesamten Muster zu vervollständigen, mag in Situationen, die rasche Entscheide erfordern, sehr nützlich, ja sogar lebensrettend sein.[26] Speziell die somatischen Marker dienen dann als **„physisches Erfahrungsgedächtnis"** noch zusätzlich dazu, sehr schnelle („instinktive") Entscheidungen treffen zu können.

▶   In dieser evolutionsbedingt hilfreichen Eigenschaft des menschlichen Gehirns liegt jedoch für Finanzmarktakteure auch eine klare Gefahr. Die schnelle Kadenz unscharfer Informationen und deren „musterhafte" Rezeption im menschlichen Gehirn kann für die Qualität von Entscheidungen durchaus kritisch sein, wie Singer (2002) verdeutlicht: *„Assoziativspeicher haben die erwünschte Eigenart, Teilinformationen zu ergänzen und zu rekombinieren. Dies ermöglicht die Wiedererkennung von Objekten, auch wenn diese nur ausschnittweise wahrzunehmen sind. Solche Ergänzungs- und Bindungstendenzen können jedoch die fatale Folge haben, dass einmal Eingespeichertes durch jeden weiteren Speicherprozess, vor allem, wenn dieser ähnliche Inhalte betrifft, in seiner Struktur und kontextuellen Einbettung verändert wird. Im Extremfall kann das dazu führen, dass das Engramm überhaupt nicht mehr im ursprünglichen Kontext aktivierbar ist."*[27]

Dass das Gehirn komplex ist, bezweifelt kaum jemand, dass es aber auch ein **pfadabhängiges System** ist, ist wohl nicht allgemein bekannt. Für solche Systeme gilt das Diktum „history matters". Wie Singer (2002) ausführt, beeinflusst das autobiografische Gedächtnis, das aus persönlichen Erfahrungen entsteht, das Gehirn hochgradig: *„Wie zahlreiche neuroanatomische Untersuchungen belegen, kann Erfahrung tatsächlich zu strukturellen Veränderungen führen, die so massiv sind, dass man sie im Mikroskop sehen kann."* [28]

---

[26]Diese Fähigkeiten des Gehirns sind klar evolutorisch geprägt. Ihre Relevanz im Prozess der Evolution wird schnell deutlich, wenn der Katzenschwanz im obigen Beispiel gegen den Schwanz eines Löwen getauscht wird.

[27]Singer (2002), Beobachter, S. 85.

[28]Singer (2002), Beobachter, S. 92.

Bemerkenswert ist, dass diese strukturellen, organischen Veränderungen nicht lediglich die Konsequenz erlebter Erfahrungen sind, sondern auch vom Gehirn selbst konstruierter: *„Nicht nur die Taten, sondern auch die Geschichten, die Menschen erfinden, machen Geschichte.* "[29] Zum autobiografischen Gedächtnis zählen dann nebst konkret Erlebtem auch „virtuelle" Erlebnisse, also *„Geschichten, die sie unwissentlich fortwährend erfinden.* "[30]

Unbestritten ist, dass selbst Erlebtes sowie Konstruiertes, aber nicht real Vorgefallenes Eingang in die Gedächtnissysteme findet und Teil wird des Selbst, der Interpretation der Außenwelt und des Kontexts, in welchem das Selbst das Geschehen erlebt. Die organischen Veränderungen im Gehirn garantieren die Einflussnahme der Geschichte auf die Interpretation der Gegenwart und ihrer Bedeutung für die Zukunft. Dieser Prozess ist hirnorganisch definiert und führt zu einer klaren Pfadabhängigkeit individueller Wahrnehmungen und Entscheidungen.

Dieser Sachverhalt hat tief greifende Bedeutung für Erwartungsbildung und Handlungen, darunter jene, die an realen Kapitalmärkten stattfinden. Der Prozess der **Interpretation von Information** verläuft dann offensichtlich nicht mehr „objektiv", sondern abhängig von Inhalten, die in jedem Gehirn individuell bereits verankert sind. Dieser Umwandlungsprozess und die Produktion von Perzepten sind strikt „subjektiv"; zum einen aufgrund der Konstrukte, die jedes Gehirn selbst bildet und zum anderen aufgrund des autobiografisch tatsächlich (oder nur „virtuell") Erlebten. Daraus erwachsen zwangsläufig **heterogene Erwartungen**, was wiederum direkt auf die orthodoxe Sicht realer Kapitalmärkte zurückwirkt.[31]

Folgendes ist hier als Zwischenfazit festzuhalten

- Menschliche Wahrnehmung ist auf neurobiologischer Ebene ein **konstruktivistischer Prozess.** Das Gehirn bildet fortlaufend **„Konstrukte"**, wie die Welt aus seiner Sicht ist; diese können jedoch irreführend, kontrafaktisch oder grob falsch sein.

- Das Gehirn bildet zu wichtigen Erlebnissen ein **physisches Erfahrungsgedächtnis** aus, das sich in kritischen Situationen schnell einschaltet. Durch **„somatische Marker"** wird dieser Prozess im Gehirn „vorstrukturiert" und „hinterlegt".

---

[29]Singer (2002), Beobachter, S. 86.

[30]Singer (2002), Beobachter, S. 86.

[31]Dabei würde es bleiben wenn der methodologische Individualismus der Standardtheorie in der Finanzwissenschaft Bestand hätte. Er hat ihn aber nicht, weil der Mensch ein zutiefst soziales Wesen ist. Vgl. dazu ausführlicher unten, Abschn. 5.3.

- Neue und speziell unvollständige Informationen induzieren im Gehirn einen Abgleich mit bekannten **Mustern und Assoziationen;** diese sind von individueller Vorprägung und persönlichem **„Erfahrungsgedächtnis"** abhängig.
- Daraus abgeleitete **„Muster", „Heuristiken"** und **Entscheidungsimpulse** können im Einzelfall irreführend oder falsch sein.
- Wiederholte **„Speicherung"** ähnlicher Inhalte kann zu einer Veränderung der ursprünglich im Gehirn hinterlegten Assoziation führen; also faktisch zu einem „Überschreiben" des Ausgangswertes.
- Autobiografische und **„virtuelle" Gedächtnissysteme** spielen eine entscheidende Rolle für das Verständnis menschlicher Erwartungsbildung.

5.3   Erklärungspotential der kognitiven Neurowissenschaft

Roth (2003) unterteilt Rationalität in zwei Komponenten: Verstand und Vernunft. Verstand stellt Expertenwissen dar; Vernunft ist die Fähigkeit, die Folgen zu übersehen, die der Einsatz von Expertise nach sich zieht und dabei eine Antagonisierung anderer zu vermeiden, womit er auf die „Theory of Mind" verweist.[32] Welchen Spielraum diese beiden Komponenten haben, wird jedoch von den Emotionen, also im limbischen System, determiniert.

▶   Die neurobiologischen Grundlagen für das **Dreiecksverhältnis zwischen Verstand, Vernunft und Emotionen** benennt Roth (2003) folgendermaßen: *„Verstand und Vernunft sind Funktionen des menschlichen Gehirns, genauer: des Stirnhirns. Verstandesfunktionen können dabei vornehmlich dem dorsolateralen präfrontalen Cortex zugeordnet werden. Dieser Hirnteil hat mit dem Erfassen der handlungsrelevanten Sachlage, mit zeitlich-räumlicher Strukturierung von Wahrnehmungsinhalten zu tun, mit planvollem und kontextgerechtem Handeln und Sprechen und mit der Entwicklung von Zielvorstellungen. Vernunft hingegen ist vornehmlich eine Funktion des unteren, über den Augen liegenden Stirnhirns, des orbitofrontalen Cortex. Dieser Teil der Hirnrinde überprüft die längerfristigen Folgen unseres Handelns und lenkt entsprechend dessen Einpassung in soziale Erwartungen."*[33]

---

[32]Vgl. Roth (2003), Sicht.

[33]Roth (2003), Sicht, S. 156.

Tab. 5.1 Wirkungsweisen und Beziehungen elementarer Gehirnfunktionen. (Quelle: Eigene Darstellung A. Cortés 2016)

	Steuerung	Funktion	Beziehung
Verstand	Präfrontaler Cortex	Erfassen	Objekt
Vernunft	Orbitofrontaler Cortex	Überprüfen	System
Emotion	Limbisches System	Kontrolle	Instinkt

Dem **limbischen System** gibt Roth (2003) die Stellung, die Plato in „Politeia" für den gütigen Herrscher vorgesehen hatte: *„Das limbische System hat gegenüber dem rationalen corticalen System das erste und das letzte Wort. Das erste beim Entstehen unserer Wünsche und Zielvorstellungen, das letzte bei der Entscheidung darüber, ob das, was sich Vernunft und Verstand ausgedacht haben, jetzt und so und nicht anders getan werden soll."*[34]

Diese Erkenntnisse der modernen Neurowissenschaft, sowie ihre jeweiligen Bedeutungen und Beziehungen lassen sich wie in Tab. 5.1 zusammenfassen.

Diese Wirkungsweisen und Beziehungen elementarer Gehirnfunktionen legen offenkundig einen engen Rahmen dafür fest, wie sich Teilnehmer an Kapitalmärkten in der Realität verhalten und welcher Grad an Rationalität dabei zu erwarten ist.

Aus diesem Grund gehen nicht nur Roth, sondern alle Gehirnwissenschaftler, die sich auch mit der Bedeutung der kognitiven Neurowissenschaften für soziale Systeme, darunter für die Finanz- und Wirtschaftssysteme befassen, mit der Theorie informationseffizienter Märkte hart ins Gericht: Während etwa das tradierte „rational choice"-Modell von Lucas *„...dramatisch von der Art [abweicht] wie Menschen wirklich Entscheidungen treffen"*[35], werden andererseits grundlegende Befunde über die Bedeutung von Heuristiken bestätigt.[36] Dies rührt nach Roth (2007) daher *„...dass es zwar rein rationale Abwägungen, aber keine rein rationalen Entscheidungen gibt. Entscheidungen sind immer emotional, wie lange man auch abgewogen hat, und rationale Argumente wirken auf die Entscheidung nur über die mit ihnen verbundenen Emotionen, d. h. Erwartungen und Befürchtungen ein."*[37]

---

[34]Roth (2003), Sicht, S. 162.

[35]Roth (2007), Entscheidung, S. 181. Zum Modell von Lucas vgl. bereits oben, Abschn. 2.3.

[36]Vgl. dazu unter anderem auch: Gigerenzer et al. (1999), Heuristics. In ähnlicher Weise auch die Arbeiten von Kahneman und Tversky (1979), Prospect; Kahneman (2011), Thinking. Vgl. dazu auch bereits oben, Abschn. 4.1 und 4.2.

[37]Roth (2007), Entscheidung, S. 197.

Die kognitive Realität ist die soziale Abstimmung heterogener Erwartungen als Folge davon, dass der Verstand versucht, die eigene Expertise umzusetzen, ohne gesellschaftlich „anzuecken". An den Finanzmärkten übersetzt sich dieses „soziale Element" dann als eine Anpassung an grundlegende Signale des Preissystems, also insbesondere an die Botschaften „Trend" und „Volatilität". In solchen Phasen ist die Preisfindung durch den Markt fundamental-ökonomisch gut nachvollziehbar.

In außergewöhnlichen Situationen und Krisen, die Karriere, Sicherheit, Vermögen und dergleichen zu bedrohen scheinen, greift jedoch das limbische System ein. Dieses stellt die überlebenswichtigen Funktionen sicher und überlässt im Zweifelsfall dem Frontallappen lediglich die Wahl zwischen zwei Optionen, nämlich „draufhauen" oder „abhauen". **„Rationalität"** – also Ausgewogenheit, Bewusstsein und Klarheit – des Verhaltens (oder auch nur einer spezifischen Entscheidung) ist in solchen Situationen entsprechend kaum noch möglich.

Interessanterweise findet sich auch dazu eine sehr präzise Entsprechung auf dem Feld der Komplexitätsforschung, wo sie als **„Phasenübergang"** (oder auch als **„Regimewechsel"**) bezeichnet wird: *„A third phenomenon ... we can call ‚sudden percolation'. [...] The overall behavior then undergoes a ‚phase transition'. [...] individual behavior cannot adjust usefully to the rapidly changing behaviors of others, and chaotic behavior reigns."*[38]

Während normalerweise die neuronalen Mechanismen „Konstruktivismus" und „Musterkomplettierung" positive und hilfreiche Eigenschaften darstellen, mutieren sie in solchen Situationen zu einer **Vernunftsfalle.** Singer (2002) spricht von einer *„Iteration von Perzeption, Reflektion, Rekombination, Abstraktion, Kommunikation",* die sich in einer „unendlichen Schleife" fortsetzt und in der Lage ist, aus einer einmal erhaltenen Information stets neue Konstrukte *„von fast beliebiger Komplexität hervorzubringen."*[39]

„Konstrukte der Zukunft" – also Erwartungen – werden in solchen Situationen aus einer sehr flüchtigen Auswahl einzelner Meldungen innerhalb einer massiven Informationskaskade gebildet und in „unvernünftiger Weise" (das limbische System fordert hier seinen Tribut) in eine längere Zukunft extrapoliert. Andere Nachrichten werden ignoriert oder durch einen unbewussten Prozess selektiver Wahrnehmung ausgeblendet. Das sind die Zeiten, in denen Willensfreiheit stark eingeschränkt ist und eine hohe Dringlichkeit verspürt wird, die eigenen

---

[38]Arthur (2013), Complexity, S. 10–11.
[39]Singer (2002), Beobachter, S. 221.

Erwartungen um jeden Preis sofort umzusetzen – klassische „animal spirits" im Sinne von John Maynard Keynes.[40]

Keynes hat mit diesem berühmten Zitat, wohl stark beeinflusst durch die chaotischen Marktereignisse rund um den großen Börsencrash von 1929, einen sehr wichtigen Punkt getroffen. Dieser wurde lange Zeit belächelt, kann jedoch heute auf Basis der kognitiven Neurowissenschaften sehr gut belegt werden.

Vor diesem Hintergrund bietet die **kognitive Neurowissenschaft** aus Sicht fortschrittlicher und aufgeklärter Kapitalmarktforschung ein sehr hohes Erklärungspotential. Sie kann auf Basis grundlegender Analysen menschlicher Kognitionsprozesse verdeutlichen, in welcher Weise Teilnehmer an Kapitalmärkten interagieren und welche möglichen Marktergebnisse und -verläufe daraus resultieren. Dieser Punkt soll in Abb. 5.3 kurz illustriert werden.[41]

Nicht immer weichen Finanzmärkte stark von Trajektorien ab, die fundamental erklärbar sind. Auch wenn die Subjektivität jeglicher Kognition gehirnorganisch fest vorgegeben ist, gelangen oft genügend Marktteilnehmer – trotz unterschiedlicher Ansätze der Selektion und Interpretation von Informationen – zu einheitlichen Erwartungen. Sie treffen dann am Markt auf eine Gegenpartei, die trotz heterogener Ansätze eine gewisse Homogenität der Erwartungen pflegt. Nur dann, wenn dies abweichende oder gar gegenteilige Erwartungen sind, wird daraus Interaktion zwischen den Parteien entstehen (also „Handel").

In solchen Phasen entwickeln sich Finanzmarktpreise relativ stabil in der sogenannten **„hedonistischen Tretmühle".** Das heißt, dass durch Nachrichten ausgelöste Kursausreißer nach oben oder als Schock nach unten innerhalb kurzer Zeit wieder korrigiert und die Entwicklung im Trend fortgesetzt wird. Das Marktverhalten erscheint dann als relativ „normal", oder gar „effizient".

Der Begriff der „hedonistischen Tretmühle" („hedonic treadmill") wird in der Psychologie und der Verhaltensökonomik verwendet. Er bezeichnet ein Konzept, nach dem Wahrnehmungen wie Glück und Zufriedenheit trotz sich verändernder Umweltzustände relativ statisch sind.[42]

---

[40]Vgl. grundlegend: Keynes (1936), Theorie, S. 124–138; analog: Akerlof und Shiller (2009), Spirits.

[41]Der in nachfolgender Abbildung dargestellte Markt-Zyklusverlauf ähnelt in wesentlichen Punkten dem psycho-dynamischen Marktphasenmodell von Rapp, vgl. Rapp (1997), Behavioral.

[42]Der Begriff geht zurück auf Brickman und Campbell (1971), Hedonic.

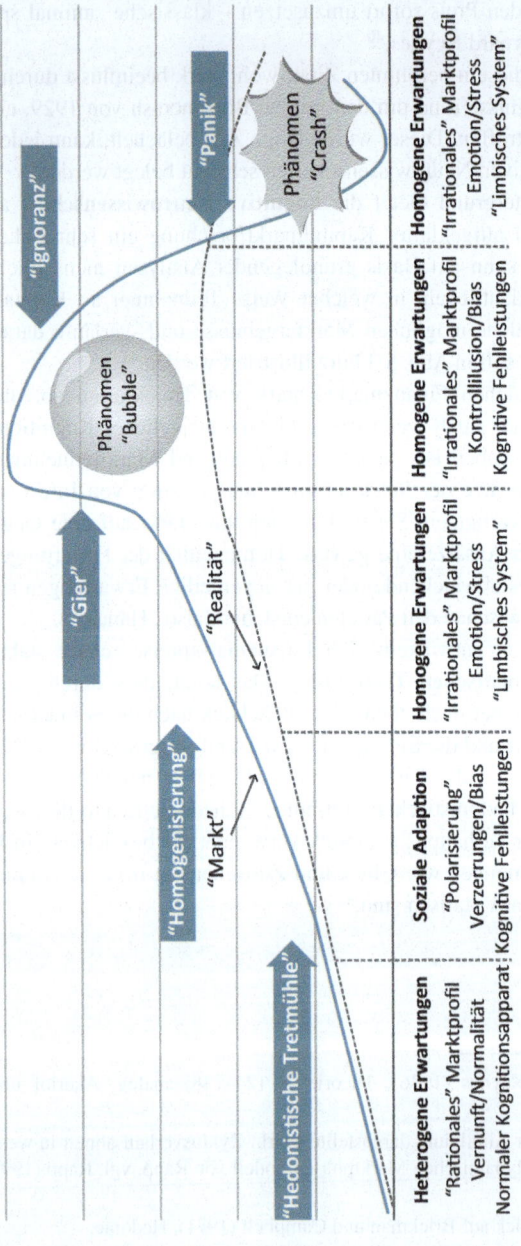

Abb. 5.3 Typischer Zyklusverlauf aus neuro-wissenschaftlicher Perspektive. (Quelle: Eigene Darstellung, H.-W. Rapp und A. Cortés 2016)

Eine Verschärfung tritt dann ein, wenn übereinstimmende Erwartungen sich derart verstärken, homogenisieren und polarisieren, dass eine Meinungs-Population das Marktgeschehen dominiert. Dann kommt es an den Kapitalmärkten zu „**Phänomenen**", realiter beobachtbaren Erscheinungen, die jedoch rein ökonomisch nicht sinnvoll erklärt werden können.[43] Diese Phänomene lassen sich typischerweise als „Marktmoden", „Blasen" und sonstige Formen irrationaler Übertreibungen charakterisieren, ebenso aber auch als deren „Spiegelbilder", also als rapide Kursstürze, Marktcrashs und sonstige Spielarten abrupter und massiver Marktverwerfungen.[44]

Warren Buffett soll gesagt haben, die Börsen seien 90 % der Zeit ökonomisch effizient, auf die restlichen 10 % komme es an. Mit den „10 %" meint Buffet das, was sich in der Betrachtung und Analyse genau solcher „Phänomene" verbirgt. Die kognitive Neurowissenschaft liefert erstmals sinnvolle „neuronale" Erklärungen für diese Dialektik, also sowohl für Zeiten, in denen die „hedonistische Tretmühle" vorherrscht als auch für die kurzen Phasen der „Phänomene", die im Markt beobachtet werden können und für die ohne Wissen über die neurowissenschaftlichen Erkenntnisse kein Verständnis vorhanden ist.[45]

Allerdings sind die Erklärungen, die kognitive Neurowissenschaft für kritische „Marktphänomene" (die durchaus auch als Marktversagen bezeichnet werden können) bietet, mit letzter Sicherheit nur ex post möglich. Eine belastbare ex ante-Prognose, ob es zu ökonomisch nicht erklärbaren Börsenphänomenen kommen wird, wann und in welcher Form, ist demnach zwar nicht völlig unmöglich, aber zumindest schwierig und anspruchsvoll.

Dennoch sind mithilfe der Behavioral Finance sowie der kognitiven Forschung durchaus entsprechende Frühindikatoren oder indikative Signale zu atypischen Marktkonstellationen und „Phänomenen" möglich. Auch mit Methoden der Komplexitätsforschung lassen sich zumindest die entscheidenden System-Parameter und – Strukturen identifizieren, aus denen dann im späteren Verlauf typische „Phänomene" hervorgehen.[46]

---

[43]Eine hervorragende Erklärung und Darstellung derartiger „Phänomene", speziell aus Sicht der Komplexitätsforschung, findet sich bei Arthur (2013), Complexity, S. 9–13.

[44]Damit besteht eine wichtige Parallele zu zentralen Aussagen der Behavioral Finance, analog aber auch zu grundsätzlichen Erkenntnissen der Komplexitätsforschung und der Chaostheorie; vgl. zu Ersterem: Rapp (1997), Behavioral; zu Letzteren: Arthur (2013), Complexity, S. 9–13.

[45]Ähnliche Ableitungen finden sich aber bereits im psychodynamischen Marktmodell von Rapp; vgl. Rapp (1997), Behavioral.

[46]vgl. dazu: Arthur (2013), Complexity, S. 9–13.

Doch bereits die ex post-Erklärung ermöglicht zu verstehen, dass ein „irrationaler" Prozess stattgefunden hat, was eine sehr gute Grundlage für antizyklische Strategien darstellen kann. Hintergrund ist die neurologisch klar ableitbare Erkenntnis, dass eine „außer Rand und Band" geratene Population nur vorübergehend, aber nicht auf Dauer, das Marktregime bestimmen kann. Das *„Feuerwerk in den Gehirnen"*, das von Singer und anderen Neurowissenschaftlern eindrücklich dargestellt wird, führt schnell zu Erschöpfung und wieder zurück zur hedonistischen Tretmühle.[47]

Wird ein solcher Marktzustand diagnostiziert, sind – aus Sicht kenntnisreicher Marktteilnehmer – antizyklische Strategien nach Eintritt der „Phänomene" sehr aussichtsreich; wenn derartige Erklärungen hingegen nicht vorliegen, lohnen **antizyklische Strategien** kaum. So bietet die kognitive Neurowissenschaft Investoren an realen Kapitalmärkten konkrete Chancen zur Verbesserung eigener Verhaltensweisen. Eine weitere Möglichkeit liegt darin, durch gezieltes Training die Schwelle, ab der das limbische System aktiv in den Entscheidungsprozess eingreift, bewusst zu erhöhen. Damit wird der individuelle Rahmen erweitert, der bewusste („freie") Entscheide zulässt; entsprechend können dann auch in kritischen Marktphasen wichtige Entscheidungen und potentiell „riskante" Handlungsweisen in ruhiger Abwägung vollzogen werden. Faktisch wird dabei der „Stress-/Reiz-Level" des eigenen neuronalen Systems gezielt abgesenkt; dieses reagiert dann trotz „bedrohlicher" Situation deutlich resistenter.

Zusammenfassend ist Folgendes festzuhalten

- Rationalität besteht aus zwei Elementen: **Verstand,** der Expertenwissen darstellt, und **Vernunft** zur Einschätzung der Handlungskonsequenz im Kontext der relativen Position von Individuum und System.
- Das **limbische System** legt den Spielraum des dorsolateralen, präfrontalen und des orbitofrontalen Cortex fest. Daraus folgt: Keine Entscheidung ohne Partizipation von **Emotionen!**
- Meist sind Kursverläufe mit fundamentalen Daten erklärbar. „Ausreißer" werden rasch in die „normale" Trajektorie zurückgeführt. Neue Informationen werden dann nüchtern analysiert und der Markt befindet sich in der **„hedonistischen Tretmühle"** als **„quasi-rationalem"** Zustand.

---

[47]Abrupte Eingriffe des limbischen Systems sind typischerweise mit einem erhöhten Ausmaß an Stress verbunden, der in der Regel nicht lange durchgehalten werden kann. Vgl. dazu die Aussagen zum limbischen System, oben Abschn. 5.3.

- Marktphänomene entstehen, wenn Ausreißer nicht rasch korrigiert werden. Akteure verlassen die hedonistische Tretmühle. Das limbische System schränkt Verstand und Vernunft zunehmend ein. Marktphänomene treten auf, verstärken sich und der Markt wird **zunehmend „irrational"**.
- Diszipliniertes Training kann die **Interventionsschwelle** des limbischen Systems nach oben verschieben und dadurch die Qualität der Entscheide verbessern.

5.4 Zusammenfassung und Ausblick

Aus der kognitiven Neurowissenschaft lassen sich Erklärungen für real beobachtbare Marktprozesse ableiten – insbesondere auch für ansonsten schwer erklärbare „Phänomene" wie Marktkrisen, Crashes und andere Formen des kollektiven Marktversagens. Darüber hinaus kann die kognitive Neurowissenschaft konkrete Aussagen zur individuellen Verhaltenssteuerung ableiten und insbesondere die Position des „Selbst" gegenüber dem Marktgeschehen definieren.

Aus diesen Überlegungen folgt, dass die **kognitive Neurowissenschaft:**

1. ein **hohes Potential zur Erklärung „irrationaler" Verhaltensweisen** und bisher schwer erklärbarer „Phänomene" an realen Kapitalmärkten bietet. Dieser Punkt ist sehr wichtig und ermöglicht deutliche Fortschritte bei der Entwicklung einer neuen und realitätsnahen Sicht der Kapitalmärkte.
2. darüber hinaus für aufgeklärte und interessierte Investoren die Möglichkeit bereithält, durch gezieltes Lernen („Training") ihre jeweilige Sensitivität gegenüber neuronal-kognitiven (Stör-)Einflüssen abzusenken. Dies ermöglicht ein deutlich **verbessertes („rationaleres") Agieren** an komplexen Märkten, insbesondere die Fähigkeit zu dezidiert antizyklischem Anlageverhalten.

In Tab. 5.2 werden einige **zentrale Konzepte der kognitiven Neurowissenschaft** nochmals kurz zusammengefasst und ergänzend erörtert, speziell im Hinblick auf grundsätzliche oder weiterführende Aspekte.

Der **Konstruktivismus** – eine neurophysiologisch und neurobiologisch vorgegebene Eigenschaft des Menschen – legt fest, dass die Interpretation jeglicher Information subjektiv ist. Jedes Gehirn ist anders. Selbst Personen, die gemeinsam aufgewachsen sind oder auch nur zur gleichen Zeit dieselbe Ausbildung durchlaufen haben, unterscheiden sich kognitiv. Das autobiografische Gedächtnis spielt eine mit den Jahren zunehmend bedeutende Rolle in allen mentalen Prozessen. Erfahrung wirkt sich gehirnorganisch aus und kann damit sowohl positive als

Tab. 5.2 Zentrale Konzepte der kognitiven Neurowissenschaft. (Quelle: Eigene Darstellung A. Cortés 2016)

Eigenschaft	Konsequenz
Konstruktivismus	Subjektivismus, heterogene Erwartungslandschaft
Theory of Mind	Homogenisierung der Erwartungen in unterschiedlichem Ausmaß
Pfadabhängigkeit	Kurshistorie beeinflusst Selektion und Interpretation von Informationen
Beschränkte Willensfreiheit	Unterbewusstsein definiert Perspektive, innerhalb welcher Entscheidungen getroffen werden können

auch negative Einflüsse auf die Kognition ausüben. Folglich ist die Erwartungslandschaft –gerade auch an Kapitalmärkten – per Definition heterogen.

Jeder Mensch lebt in einem Konflikt zwischen dem Bedürfnis, als authentische Persönlichkeit wahrgenommen zu werden und sich gleichzeitig dem sozialen System, an dem partizipiert wird, anzupassen. Durch diese „soziale Adaption" kommt es zu einer gewissen Homogenisierung der Erwartungen. An diesem Punkt verschmelzen, aus Sicht der kognitiven Neurowissenschaft, die Konzepte **„Theory of Mind"** und **„Pfadabhängigkeit".**[48]

An realen Kapitalmärkten wird **„soziale Adaption"** primär über das Preissystem gesteuert und „organisiert". Partizipation an steigenden Kursen vermittelt neurologisch relevante Aufmerksamkeits- und Erfolgserlebnisse, was eine verstärkte Partizipation und folglich eine fortschreitende Homogenisierung erzeugen kann. Dieser Grundmechanismus erklärt ganz prinzipiell die Entstehung real beobachtbarer Marktphänomene wie „Informationsdiffusion", „Marktexpansion" oder auch nur einfach von „kohärenten Trends".[49]

Das Preissystem an Kapitalmärkten dient somit als zentraler „Kommunikator" und Mechanismus zur Übermittlung von Signalen, die von den Marktteilnehmern – als Partizipanten am System – wahrgenommen, ausgewertet und verarbeitet werden. Das Verhalten der einzelnen Akteure wird in der Weise „sozial" beeinflusst,

---

[48]Vgl. dazu ausführlich oben, Abschn. 5.1 und 5.2.

[49]Diese Überlegungen sind vollständig kompatibel zu Grundüberlegungen aus dem Bereich der Behavioral Finance; vgl. dazu bereits oben, Kap. 4 sowie ausführlich: Rapp (1997), Behavioral. Sie entsprechen ebenfalls wichtigen Grundannahmen und Modellen der Komplexitätsforschung; vgl. dazu grundlegend: Arthur (2013), Complexity.

als Individuen ihre Entscheidungen auf „Zustimmung durch den Markt" ausrichten müssen, wenn sie nicht durch Misserfolg aus dem Markt gedrängt werden wollen.[50]

Dies erklärt den verbreiteten Einsatz von Kurs-Charts an realen Kapitalmärkten. Diese stellen Preise grafisch dar, die die unbeabsichtigten Ergebnisse der mit Absicht ausgeführten Handlungen von Millionen von Menschen (und mittlerweile auch Algorithmen) darstellen. Alle Marktteilnehmer werden gezwungen, ihre eigenen Positionen mit den nicht intendierten Ergebnissen zu synchronisieren, indem sie sich über den Erfolg ihrer eigenen Anlagen an „Messlatten" (Kursverläufe, Indizes etc.) orientieren und ihr Urteil über die weiteren Erwartungen, die Kompetenz ihrer Ratgeber, die Zuverlässigkeit ihrer Nachrichtenquellen, die Transparenz der Meldungen aus Unternehmen, volkswirtschaftlichen Statistiken und dergleichen überprüfen und gegebenenfalls revidieren.

Die Pfadabhängigkeit wird aus der Historie geprägt. Damit ist das autobiografische Gedächtnis angesprochen, das ganz besonders durch Erfahrungen geprägt wird, die Betroffenheit ausgelöst haben. Positive Rückkopplungen mit Ergebnissen, die nicht vorhersehbar waren, die nicht erklärt werden können, die Finanzmarktkurse weit von Gleichgewichtspreisen führen, lösen „mentale Lock-ins" aus. Das bedeutet, dass nicht mehr fundamentale Daten herangezogen werden, um die Kurse zu erklären, sondern dass umgekehrt die Kurse dazu dienen, althergebrachte fundamental-ökonomische Wertvorstellungen über Bord zu werfen und „neue" Erklärungen für eine „neue Zeit" zu finden, die nach anderen Wertvorstellungen funktionieren soll. Dieser Mechanismus ist typisch für viele große „Marktblasen" der letzten Jahrzehnte, speziell die sogenannte „Dot.Com-Blase" der späten 1990er Jahre. Das Grundprinzip entspricht Soros' These der „Reflexivität".[51]

Die kognitive Neurowissenschaft belegt eindeutig, dass es eine absolute Willensfreiheit, wie sie in der Vorstellung der meisten Menschen vorhanden ist, nicht gibt. Unbewusst und unaufgefordert werden Elemente aus einer (erlebten oder auch nur fiktiven) Autobiografie in Denkprozesse eingefügt, die dann bewusste Gedankengänge beeinflussen und oft sogar entscheidend vorselektieren. Die Perspektive, die für Entscheidungen zur Verfügung steht, wird vom Unterbewusstsein definiert. Folglich kann über Optionen, die in einer gegebenen Situation vom Gehirn nicht bereitgestellt werden, auch nicht entschieden werden.

---

[50]Diese Iteration lässt sich sehr gut anhand des keynesschen Bilds vom „Schönheitswettbewerb" illustrieren, vgl. dazu bereits oben, Abschn. 2.3 und 4.3. Die moderne Komplexitätsforschung spricht hingegen nüchtern von „Feedback"-Schleifen; vgl. dazu Sornette (2003), Crash, S. 82–132; und analog: Arthur (2013), Complexity, S. 12: „Positive feedbacks in fact are very much a defining property of complex systems…".

[51]vgl. Soros (2003), Alchemy.

All diese Punkte führen zwingend zu der Feststellung, dass theoretisch elegante, aber **fehlgeleitete Konstrukte der orthodoxen Wirtschaftswissenschaft** – wie das Konzept „rationaler Erwartungen" oder des „homo oeconomicus" – schlicht nicht existieren können. Damit fehlt dem tradierten Paradigma der Kapitalmarkttheorie der entscheidende Grundbaustein, auf dem unter anderem die Markteffizienz-Hypothese aufbaut.

Eines der zentralen Ausgangs-Argumente dieser Arbeit ist somit auch aus Sicht der kognitiven Neurowissenschaft eindeutig belegt.Eines der zentralen Ausgangs-Argumente dieser Arbeit ist somit auch aus Sicht der kognitiven Neurowissenschaft eindeutig belegt.[52] Interessanterweise gelangt die moderne Komplexitätsforschungzu genau derselben Einsicht: „It follows that [...] deductive rationality is not just a bad assumption; it cannot exist."[53]

Schließlich ist zur Kenntnis zu nehmen, dass keine einzige Person jemals in der Lage sein wird, rein rational zu entscheiden, da Emotionen immer im Spiel sind. In den Worten von Lo (2004b): „...*emotional responses are a significant factor in the real-time processing of financial risks...*" und weiter: „...*a more sophisticated view of the role of emotions in human cognition shows that they are central to rationality.*"[54]

Dies führt zur wichtigen Frage, ob Algorithmen des computerisierten Börsenhandels in der Lage sein könnten, solche Emotionen auszuschalten. Die Frage verdient eine kurze Erörterung, schon aufgrund der zunehmenden Bedeutung sogenannter „Algo-Traders", „Flash-Traders" und „Robo-Advisors". Die derzeitigen Handels-Programme bilden die mentalen Konstrukte, die Pfadabhängigkeit und die beschränkte Willensfreiheit in dem Sinne ab, wie dies ihren jeweiligen Programmierern zu eigen ist. Derzeit spricht vieles dafür, dass die Diversität der Algorithmen-Programme sehr gering ist. Somit ist anzunehmen, dass die Algorithmen-Population meistens – und ganz besonders in Zeiten ökonomisch nicht erklärbarer Ereignisse – an den Finanzmärkten nur auf einer Seite steht, und dass die notwendige Gegenpartei nach wie vor von realen Personen gestellt wird. Dieser Effekt würde also nicht zum erwünschten Ergebnis „rationalerer" Märkte führen, sondern im Gegenteil eher zu einer Verstärkung schon bisher vorhandener prozyklischer Grundtendenzen.[55]

---

[52]vgl. dazu oben, Vorbemerkung, sowie die nachfolgenden Kap. 2–4.

[53]Arthur (2013), Complexity, S. 4.

[54]Lo (2004b), Adaptive, S. 23.

[55]Dies entspricht bisherigen Befunden aus diversen „Flash Crashes", die meist auf computer-basierte und algorithmierte Handelsprogramme zurückgeführt wurden; vgl. z. B. http://boerse.ard.de/boersenwissen/boersengeschichte-n/fuenf-jahre-flash-crash100.html.

Komplizierter ist diese Frage mit Blick auf die Möglichkeit „künstlicher Intelligenz", die eines Tages ganz sicher auch an der Börse zum Einsatz kommen wird: Konstruktivismus ist Voraussetzung für Kreativität, Kreativität ist Voraussetzung für Intelligenz. Die Frage wird also sein, welche Art von Markt künstlich intelligente Programme, deren Entscheide nicht durch unbewusste Einflüsse und Emotionen beeinträchtigt werden, erzeugen werden. Wenn künstlich intelligente Programme rein rationale Entscheide treffen, könnten Märkte theoretisch effizient werden – theoretisch deshalb, weil sofort die Frage auftaucht, wer dann noch die Gegenpartei darstellen wird? Verschwindet Liquidität? Gibt es eine neue Art von Volatilität durch sofortige Anpassung an neue fundamental-ökonomische Informationen? Werden Anlagen in kotierte Wertpapiere ähnliche („illiquide") Eigenschaften aufweisen, wie heute Private Equity? Konkrete Antworten darauf gibt es nicht. Der Weg bis zu einer vollkommenen Intelligenz künstlicher Art wird aber mit Schwierigkeiten behaftet sein. Diese bestehen unter anderem darin, dass nicht nur neurophysiologische, sondern auch neurochemische Vorgänge **Kognition und Intelligenz** bestimmen. Wie Chemie in Computerprogramme eingebaut werden kann, ist jedoch bisher noch eine offene Frage.

Literatur

Akerlof, G. A./Shiller, R. J. (2009; Spirits), Animal Spirits, Princeton University Press, Princeton 2009.

Arthur, W. B. (2000; Cognition), Cognition: The Black Box of Economics, in: The Complexity Vision and the Teaching of Economics, Colander D., ed., Elgar, E. Publishing, Northampton 2000.

Arthur, W. B. (2013; Complexity), Complexity Economics: A different Framework for Economic Thought, in: SFI Working Paper 2013-04-012.

Brickman, P./Campbell, D. (1971; Hedonic), Hedonic relativism and planning the good society, in: Adaption Level Theory: A Symposium, Apley, M.H., ed., S. 287–302, Academic Press, New York 1971.

Clark, A. (1993; Engines), Associative Engines – Connectionism, Concepts, and Representational Change, A Bradford Book, Massachusetts 1993.

Damasio, A. R. (1997; Irrtum), Descartes' Irrtum, 3. Aufl., List Verlag, München 2006.

Eckoldt, M. (2014; Gehirn), Kann das Gehirn das Gehirn verstehen?, 2. Aufl., Carl-Auer Verlag, Heidelberg 2014.

Förstl, H. (2012; Mind), The Theory of Mind, 2. Aufl., Springer-Verlag, Berlin/Heidelberg 2012.

Gardner, H. (1989; Spur), Dem Denken auf der Spur, deutsche Übersetzung 1989 der englischen Originalausgabe "The Mind's New Science. A History of the Cognitive Revolution.", Basic Books, Cambridge 1985.

Gigerenzer, G./Todd, P. M./A.B.C. Research Group (1999; Heuristics), Simple Heuristics That Make Us Smart, Oxford University Press, New York 1999.

Jäncke, L. (2013; Neurowissenschaften), Lehrbuch – Kognitive Neurowissenschaften, Hogrefe (vorm. Verlag Hans Huber), Bern 2013.

Kahnemann, D. (2011; Thinking), Thinking fast and slow, Penguin, London 2011.

Kahnemann, D./Tversky, A. (1979; Prospect), Prospect theory: An analysis of decision under risk, in: Econometrica, Vol. 47, No. 2, 1979, S. 263–291.

Keynes, J. M. (1936; Theorie), Allgemeine Theorie der Beschäftigung, des Zinses und des Geldes (übers. v. Fritz Waeger, Titel des Originals: The general theory of employment, interest and money), Berlin 1936 (zitiert nach der 6. unveränderten Aufl. 1983).

Kirchgässner, G. (1991; Oeconomicus), Homo oeconomicus – Das ökonomische Modell individuellen Verhaltens und seine Anwendungen in den Wirtschafts- und Sozialwissenschaften, Mohr Siebeck, Tübingen 1991.

Lashley, Karl (1929; Brain), Brain mechanisms and intelligence, Chicago 1929.

Lo, A. W. (2004b; Adaptive), The adaptive markets hypothesis – Market efficiency from an evolutionary perspective, in: Journal of Portfolio Management, 2004, S. 15–29.

Miller, G. A. (2003; Revolution), The cognitive revolution: A historical perspective, in: Trends in Cognitive Sciences, Vol. 7, No. 3, March 2003, S. 141–144.

Rapp, H.-W. (1997; Behavioral), Behavioral Finance: Paradigmenwechsel in der Kapitalmarktforschung und Grundlage eines ganzheitlichen Anlagemanagements, GBR Ernst & Young, Bern 1997.

Roth, G. (2003; Sicht), Aus Sicht des Gehirns, Suhrkamp Verlag, Frankfurt a. M. 2003.

Roth, G. (2007; Entscheidung), Persönlichkeit, Entscheidung und Verhalten: Warum es so schwierig ist, sich und andere zu ändern, Klett-Cotta Verlag, Stuttgart 2007.

Roth, G. (2012; Willensfreiheit); Über objektive und subjektive Willensfreiheit, in: Förstl, H. (Hrsg.), Theory of Mind, S. 214–223.

Seung, S. (2013, Konnektom), Das Konnektom – Erklärt der Schaltplan des Gehirns unser Ich?, Springer Spektrum, Berlin 2013.

Singer, W. (2002; Beobachter), Der Beobachter im Gehirn, Suhrkamp Verlag, Frankfurt am Main 2002.

Sornette, D. (2003; Crash), Why stock markets crash – critical events in complex financial systems, Princeton 2003.

Soros, G. (2003; Alchemy), The Alchemy of Finance, John Wiley & Sons, Hoboken 2003.

Der nächste Schritt – „Cognitive Finance" als neues Konzept

6

6.1 Das „kartesianische Paradoxon"

Die bisherigen Ausführungen haben einen Punkt sehr deutlich gemacht: Wissenschaftliche Forschungen zum Verhalten realer Marktteilnehmer an realen Kapitalmärkten leiden oftmals an einer verengten, beschränkten und ideologisch geprägten Sichtweise. Die Entstehungsgeschichte der sogenannten Modernen Kapitalmarkttheorie ist deshalb durch verschiedene Phasen, Brüche und Paradigmenwechsel gekennzeichnet. Dabei versuchte die jeweils dominante wissenschaftliche Teildisziplin, das Thema zu reklamieren und zu besetzen.

Die Erklärungsmuster wanderten vom **„soziologisch"** geprägten Ansatz der frühen Forschung (Morgenstern, Keynes etc.) über das **„analytisch-empirische"** Forschungsverständnis der 60er Jahre (Mandelbrot, Cootner etc.), von dort zu einem **„mathematisch-physikalischen"** Dogma der 80er Jahre (Fama, Sharpe etc.) bis hin zu einem **„(sozial-)psychologisch-verhaltenswissenschaftlichen"** Denkansatz der letzten 20 Jahre (Shiller, Kahneman/Tversky etc.) (Abb. 6.1).

Der jeweilige Anspruch auf umfassende Deutungshoheit ist einerseits entlarvend, andererseits jedoch auch frustrierend. Dieser Reduktionismus geht im Kern zurück auf das frühe **kartesianische Weltbild**, das – zwar in guter Absicht – in vielen Bereichen letztlich zu einer Verengung, Zersplitterung und Fragmentierung wissenschaftlicher Betrachtungsweisen geführt hat.[1]

---

[1] In diesem Sinne auch Wilson (1998), Consilience, der eine zunehmende Fragmentierung von Wissen als Folge einer zunehmend kontraproduktiven wissenschaftlichen Spezialisierungstendenz beklagt.

© Springer Fachmedien Wiesbaden GmbH 2017
H.-W. Rapp und A. Cortés, *Cognitive Finance*,
DOI 10.1007/978-3-658-18643-2_6

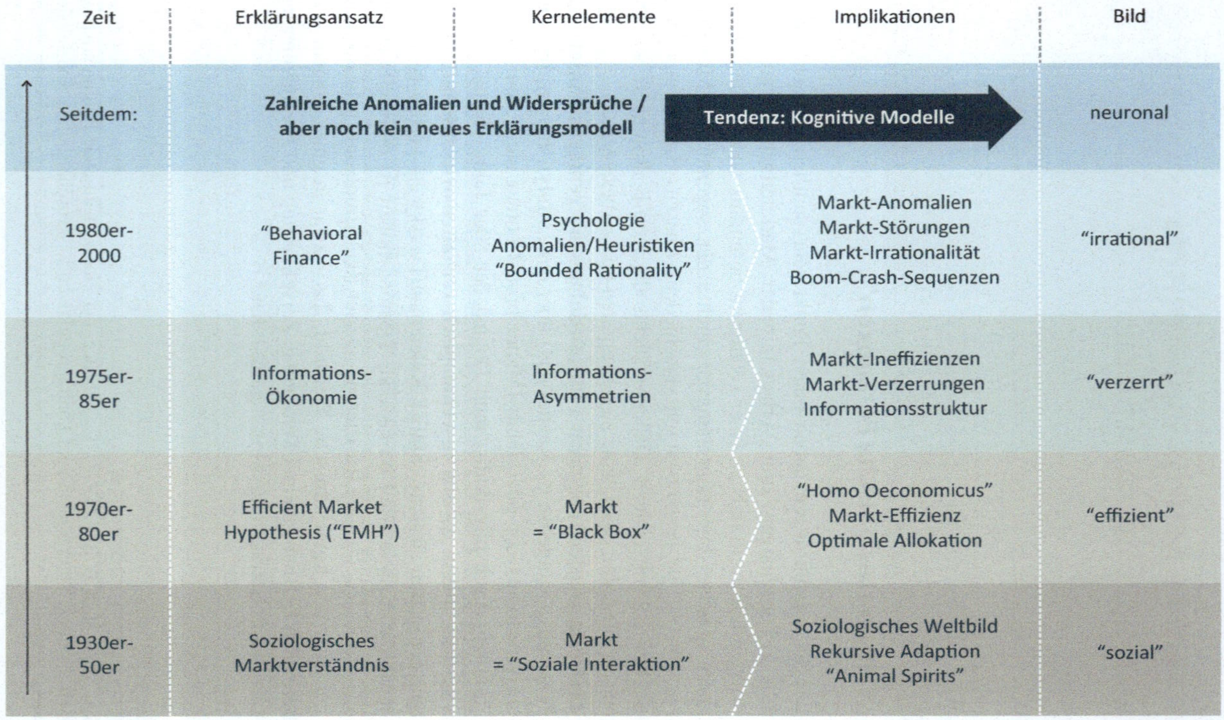

Abb. 6.1 Evolution bisheriger Paradigmen der Kapitalmarkttheorie. (Quelle: Eigene Darstellung H.-W. Rapp 2016)

Der destruktive Effekt dieser **kartesianischen Denkweise** zeigt sich heute in einer Vielzahl von Disziplinen wie der Medizin oder der Wirtschaftswissenschaft. Die Zerlegung einstmals umfassend definierter Wissensfelder in artifiziell anmutende Teil-Disziplinen behindert wissenschaftliche Forschung und Erkenntnis: „Ganzheitliche" chinesische Medizin zeigt sich westlicher „Spezialisierungs-Medizin" in vielen Fragen klar überlegen, was von vielen Medizinern inzwischen offen anerkannt wird. Der Bereich der Wirtschaftswissenschaften leidet seit der Trennung und Herauslösung aus dem früheren Gebiet der Sozialwissenschaften unter einem Mangel an inhaltlicher Fundierung sowie an artifizieller Formelhaftigkeit und eklatanten Erklärungsdefiziten. Arthur (1994) beklagt, unter Bezugnahme auf den Wissenschaftsphilosophen Jacob Bronowski, „... *economics have never recovered from the fatally rational structure imposed on it in the eighteenth century.* "[2]

▶ Frühe Erklärungsansätze von Denkern wie Keynes, Morgenstern oder Hayek, in deren ökonomischen Modellen und Deutungen zentrale Aspekte der Psychologie und der Soziologie stets fest verankert waren, werden heute mühsam „wiederentdeckt", jedoch erst als Folge von Erkenntnisfortschritten in anderen wissenschaftlichen Disziplinen.[3]

An diesen Entwicklungen zeigt sich, wie aus scheinbarem wissenschaftlichem Fortschritt oft in Wirklichkeit inhaltlicher Rückschritt und Erkenntnisverlust resultiert. Wissenschaft hat sich in zahllose Teildisziplinen zersplittert und pflegt dabei vielfach – in Form engstirniger Paradigmen – eine chauvinistische „Bunker-Mentalität". Der Überblick über zusammenhängende Sachgebiete geht dabei verloren. Gleichzeitig „verlernen" Angehörige wissenschaftlicher Teildisziplinen den natürlichen „Blick über den Tellerrand" ihres eigenen Spezialgebiets. Dieses **„kartesianische Paradoxon"** ist in der heutigen Wissenschaft ein fundamentales Problem; es lähmt und behindert in vielen Bereichen echten Erkenntnisfortschritt.[4]

---

[2]Arthur (1994), Certainty, S. 1.

[3]Vgl. dazu die Ansätze von Keynes (1936), Theorie; und Hayek (1952), Sensory; sowie deren verblüffende Parallelität zu neueren Erkenntnissen der Psychologie und der Behavioral Finance; vgl. oben, Abschn. 2.3, 2.4.

[4]Einer der wenigen konkreten Ansätze zur Überwindung des kartesianischen Paradoxons in der Forschung wird vom Santa Fe Institute in den USA verfolgt, das bewusst einem undogmatischen, ergebnisoffenen und stark interdisziplinären Ansatz folgt; vgl. dazu weiterführend die nachfolgenden Kapitel.

Die Abb. 6.2 zeigt, wie der kartesianische Ansatz zwar im Zeitablauf auch graduelle Variationen hervorgebracht (Neoklassik; Kybernetik), aber dennoch lange

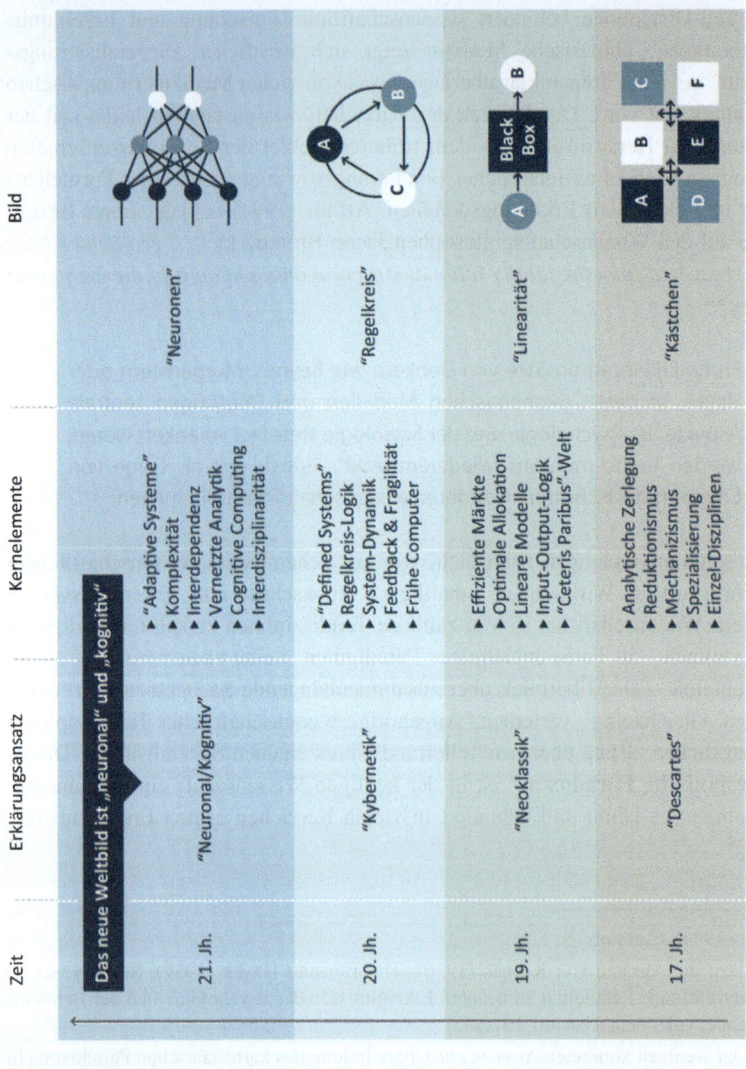

Abb. 6.2 Persistenz des kartesianischen Paradoxons und seine Überwindung. (Quelle: Eigene Darstellung H.-W. Rapp 2016)

Zeit als generelle Denkblockade fungiert hat. Erst der Schritt zu einer **„neuronal-kognitiven" Logik** durchbricht dieses Persistenz-Problem.

6.2   Interdisziplinäre Forschung und Integration

Wie die bisherigen Ausführungen klar gezeigt haben, spielt das „kartesianische Paradoxon" im Bereich der Kapitalmarktforschung eine zentrale Rolle. Es verhindert bis heute eine ganzheitliche Betrachtung realer Kapitalmärkte, einschließlich der Informationsstrukturen, zugehörigen Institutionen und Agenten, sowie deren – vielfach neurologisch geprägter – Motive und Handlungen. Daraus folgt, dass nur ein **integrativer, interdisziplinär geprägter, systemisch angelegter und erkenntnisorientierter Ansatz** in dieser Frage Aussicht auf Erfolg haben kann.

Der renommierte Komplexitätsforscher Didier Sornette (2003), der sich ebenfalls deutlich gegen das „kartesianische Paradoxon" und das Prinzip des analytischen Reduktionismus ausspricht, bringt das Problem auf den Punkt: *„There is a growing recognition that progress […] will need such a systemic complex system and multidisciplinary approach. This view tends to replace the previous ‚analytical‘ approach, consisting of decomposing a system in components…".*[5]

In den vorangegangenen Ausführungen wurde gezeigt, dass die entsprechenden „Bausteine" und „Werkzeuge" für einen solchen integrativen Ansatz bereits existieren. Sie müssen jedoch in einer Vielzahl unterschiedlicher wissenschaftlicher Teildisziplinen „gefunden" werden, die nicht immer in enger Beziehung zueinander stehen. Die Grafik in Abb. 6.3 fasst die entsprechenden Potenziale, Möglichkeiten und Beziehungen zusammen.

Die Grafik verdeutlicht zunächst Anzahl, Umfang, Breite und Tiefe der entsprechenden Forschungsansätze. Sie zeigt jedoch auch einen sehr interessanten Aspekt: Aus nahezu jeder der aufgeführten Teildisziplinen gibt es eine direkte, meist sehr starke Beziehung zur jeweils benachbarten Teildisziplin. Mit anderen Worten: Die Grafik zeigt einen klaren Weg auf, wie ein zukünftiges **interdisziplinäres Methoden-Gerüst** zum besseren Verständnis realer Kapitalmärkte angelegt sein könnte (oder besser: sollte).

---

[5]Sornette (2003), Crash, S. 16. Vgl. dazu ebenfalls sehr grundsätzlich die Arbeiten des Santa Fe Institute; exemplarisch: Arthur (2005), Out-of-Equilibrium; sowie ders. (2015), Complexity.

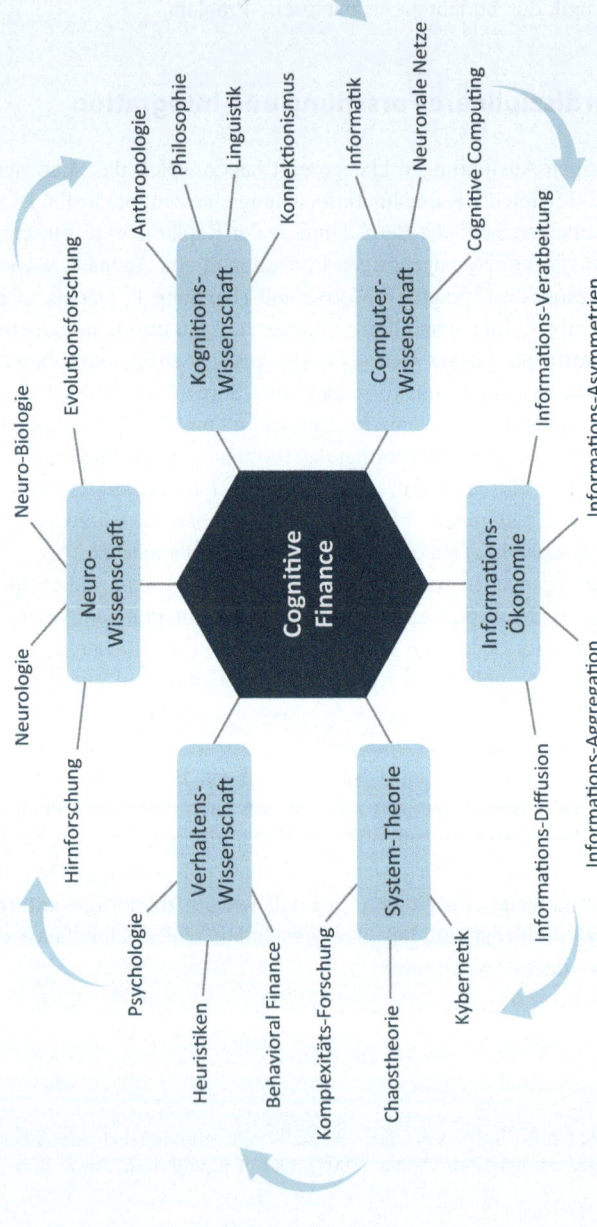

Abb. 6.3 Cognitive Finance als interdisziplinärer Forschungsansatz. (Quelle: Eigene Darstellung H.-W. Rapp 2016)

In ähnlicher Weise fordert bereits Rapp (1995):

> Alternative Modelle der Kapitalmarkttheorie könnten strukturbedingte Friktionen und Unvollkommenheiten realer Märkte erfassen, individuelle und kollektive Abweichungen vom Prinzip der strengen Rationalität zulassen, nichtlineare und dynamische Muster der Informationsverarbeitung akzeptieren, multikausale Interdependenzen und nichtlineare Rückkopplungsprozesse berücksichtigen sowie die Möglichkeit zyklischer Marktbewegungen anerkennen und die genannten Faktoren zu einem systemorientierten, kybernetischen Erklärungsmodell integrieren.[6]

6.3 Kapitalmärkte und das Prinzip der Komplexität

„Reale Kapitalmärkte verarbeiten ständig eine Vielzahl von Informationen, aggregieren diese zu sinnvollen Preissignalen, bilden auf dieser Basis ein ständiges Marktgleichgewicht und ermöglichen so eine effiziente Allokation von Kapital."

So lautet sinngemäß die Beschreibung von Kapitalmärkten in typischen Lehrbüchern der Kapitalmarkttheorie.[7]

Diese Darstellung ist zwar nicht völlig falsch; sie unterdrückt jedoch einen Großteil der Realität. In Wirklichkeit sind Kapitalmärkte nicht nur Mechanismen zur Verarbeitung von Informationen und zur Allokation von Kapital. Sie fungieren gleichzeitig auch als universelle „Kommunikations- und Koordinations-Maschine", als „Referenz-Mechanismus" für heterogene Erwartungen und als „Resonanzboden" für „Marktmoden" und „soziale Infektion". Damit sind sie automatisch Gegenstand und Quelle für laufende Antizipation, Adaption und anhaltende rekursive und reflexive Anpassungsstrategien. Was ist damit gemeint?

Reale Kapitalmärkte sind per Definition Mechanismen zur Antizipation künftiger Ereignisse. Sie haben folglich eine eindeutig „spekulative" und stark mit Unsicherheit behaftete Komponente. Dies ermöglicht einer Vielzahl von Marktteilnehmern, sich auf Basis ihrer individueller Erwartungen am Marktgeschehen zu beteiligen. Diese Marktteilnehmer werden versuchen, zukünftig eintretende Ereignisse oder Informationen bestmöglich zu antizipieren, um von späteren Preisanpassungen zu profitieren. Sie agieren auf Basis unsicherer Informationen, in der Hoffnung auf zukünftigen Gewinn.

---

[6]Rapp (1995), Marktverhalten, S. 13. Auch Miller (2003), Revolution, S. 143, äußert sich ähnlich: *„Today, I believe, all fifteen possible links could be instantiated with respectable research."*

[7]„The primary role of the capital market is the allocation of ownership of the economy's capital stock." (Fama 1970, Efficient, S. 383).

Es liegt auf der Hand, dass unterschiedliche Marktteilnehmer dazu unterschiedliche Strategien entwickeln. Diese sind wiederum abhängig vom Grad ihrer Vorkenntnisse, ihrer Fachkompetenz, ihrer bisherigen Prägung und Konditionierung, ihrem Marktverständnis, ihren neurologischen Limits sowie ihren logischen, deduktiven und assoziativen Fähigkeiten. Sie sind darüber hinaus beeinflusst von Abfolge und Ausmaß der bisher erzielten Erfolge, dem Erkennen scheinbar profitabler Muster oder Handlungen, dem sozialen Umfeld sowie einer Vielzahl anderer Einflussfaktoren. *„The critical variable that makes a system both complex and adaptive is the idea that agents (neurons, ants, or investors) in the system accumulate experience by interacting with other agents and then change themselves to adapt to a changing environment."* [8]

▶   Bereits diese Vorstellung legt nahe, dass reale Kapitalmärkte bei gegebenem Informationsfluss eine nahezu unendliche Zahl unterschiedlicher Aktionen, Reaktionen und Handelsstrategien hervorrufen können. Arthur (1995) spricht in diesem Kontext von einem *„Ocean of Expectations"*, einem *„…ocean of ever-changing, predictive models-of-the world."* [9]

Wird ferner unterstellt, dass Individuen bei gegebener Informationslage – nur aufgrund ihrer jeweiligen neuronalen und kognitiven Disposition – zu völlig unterschiedlichen Schlussfolgerungen, Bewertungen, Entscheidungen, Handlungen und Reaktionen gelangen können, so potenziert sich das Spektrum der zu erwartenden Aktions- und Reaktionsmuster erneut, denn: *„To 'make sense', to learn, and to adapt, agents use a variety of distributed cognitive processes."* [10]

Daraus resultierende Einschätzungen, Erwartungen oder gar Prognosemodelle werden sich dann ebenfalls voneinander unterscheiden, denn: *„These anticipative models need neither be explicit, nor coherent, nor mutually consistent."* [11]

Wird darüber hinaus noch unterstellt, dass auch die am Markt entstehenden Preissignale, also Preis-Niveaus, -Veränderungen und -Trends, von unterschiedlichen Marktteilnehmern – korrespondierend zum jeweils bereits vorhandenen Wissensstand und individuell „gefiltert", modifiziert oder interpretiert anhand

---

[8]Hagstrom (2013), Investing, S. 23.

[9]Arthur (1995), Complexity, S. 8 bzw. S. 1.

[10]Arthur et al. (1997), Emergence, S. 5 (Hervorhebung durch Rapp/Cortés). Vgl. dazu grundlegend bereits oben, Kap. 5.

[11]Arthur et al. (1997), Emergence, S. 5.

der jeweils „gelernten" Heuristiken, populären Modelle oder individuellen Auswahl- und Entscheidungsmechanismen – wiederum als „neue" relevante Information genutzt werden, oder dass Pseudo-Informationen („Noise") bewusst in Umlauf gebracht werden, so entsteht daraus letztlich ein **Bild hochgradiger Komplexität.**[12]

▶ Der Grad an Komplexität ist somit determiniert durch die **Vielzahl adaptiver, rekursiver und reflexiver Mechanismen,** die im Informationsverhalten – oder präziser: in der **neuronalen und kognitiven Disposition** – der Marktteilnehmer bereits strukturell angelegt sind.[13] Diese Mechanismen wirken als **Zirkelschluss** nahezu beliebig **oszillierender Selbstreferenz** und bilden mehrdimensionale „**Feedback-Schleifen",** aus denen wiederum **spezifische Phänomene** realer Kapitalmärkte wie *„Trends", „Blasen"* oder *„Crashes"* entstehen können.[14] Hagstrom (2013) stellt fest: *„An essential element of complex adaptive systems is a feedback loop."*[15]

Dieses Bild entspricht unter anderem einer zentralen These von Soros (2003), der – als langjähriger Kenner der Kapitalmärkte und sehr erfolgreicher Hedge Fund Manager – die Beziehung zwischen Kapitalmärkten und der Realität als „reflexiv" und selbstreferenziell beschreibt.[16] Noch stärker entspricht dieses Bild jedoch der früheren (inzwischen sprichwörtlichen) Beschreibung von Keynes (1936), der Börsen und ihre **reflexiv-interdependenten Interaktionsmuster** sehr anschaulich mit dem Prinzip eines Schönheitswettbewerbs vergleicht[17] (Abb. 6.4).

---

[12]Das neoklassische Bild eines „Marktes im Gleichgewicht" kann dann offensichtlich nur als grobe, stark simplizierte und im Kern irreführende Ideal-Vorstellung interpretiert werden; vgl. in diesem Sinne bereits oben, Kap. 5; analog auch Arthur (1995), Complexity; Arthur (2013), Complexity; sowie Hagstrom (2013), Investing, Kap. 2 und 3.

[13]Viele dieser Strukturen und Dispositionen werden im Forschungsfeld der „Behavioral Finance" bereits deutlich herausgearbeitet, vgl. dazu oben, Kap. 4. Weitere zentrale Erkenntnisse liefert das Feld der Neurowissenschaft, vgl. dazu oben, Kap. 5.

[14]Vgl. dazu bereits grundlegend Rapp (1997), Behavioral; Rapp (2000), Wahnsinn.

[15]Hagstrom (2013), Investing, S. 37; analog Arthur (2013), Complexity, S. 12 ff.

[16]Vgl. Soros (2003), Alchemy.

[17]Vgl. Keynes (1936), Theorie, S. 131–132; sowie eingehend bereits oben, Abschn. 4.3. Hier sei noch angemerkt, dass Keynes zu seiner Zeit ein kenntnisreicher, erfahrener und durchaus erfolgreicher Börsenspekulant war.

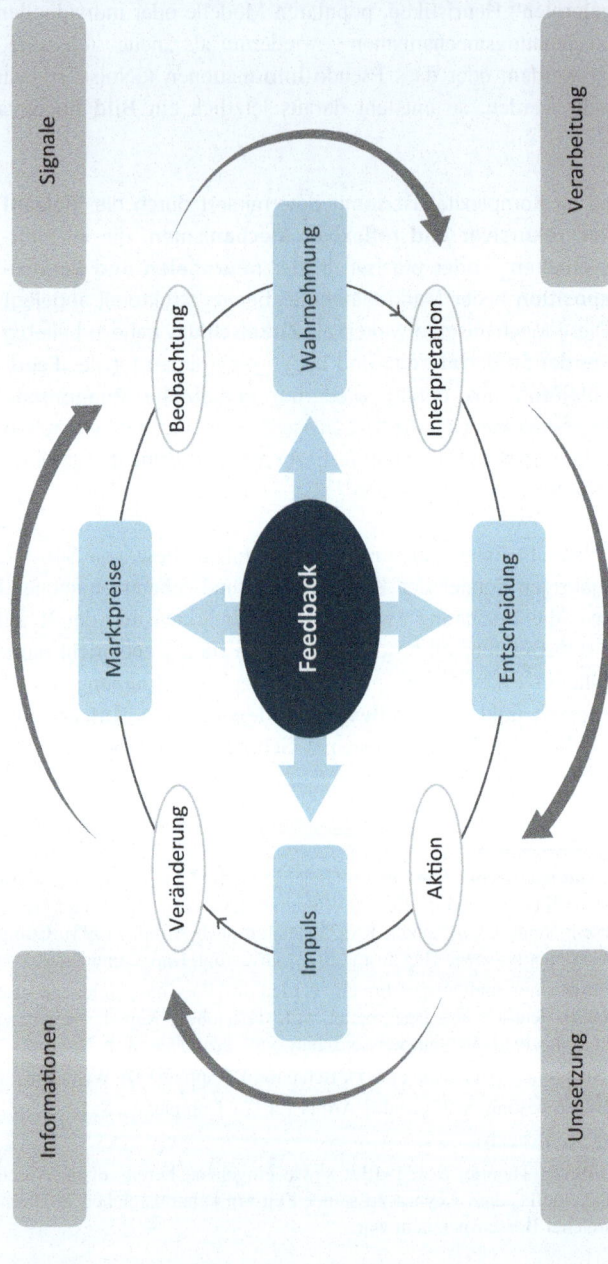

Abb. 6.4 Reflexivität und „Feedback"-Mechanismen. (Quelle: Eigene Darstellung H.-W. Rapp 2016)

6.4   Märkte als komplexe adaptive Systeme

Die vorangegangenen Ausführungen machen deutlich, dass das Prinzip der „Komplexität" ein geradezu zwingender Ansatz zum Verständnis realer Kapitalmärkte sein muss. Dennoch findet sich diese Prämisse nur in sehr wenigen der bisher vorhandenen Erklärungsmodelle, und erst recht nicht im Paradigma der sogenannten „Modernen Kapitalmarkttheorie".[18]

Wenn also die Idee der „Komplexität" den zentralen Ausgangspunkt für das Verständnis realer Kapitalmärkte darstellt, so ist das Konzept der „Adaption" eine notwendige Weiterführung. Als „Adaption" wird in der Biologie und speziell der Evolutionsforschung das Prinzip bezeichnet, wonach Populationen sich mithilfe von Lern-, Erfahrungs- und Anpassungsprozessen auf veränderte Umweltbedingungen einstellen, sich also „adaptieren": „...the elements adapt to the world – the aggregate pattern – they co-create."[19]

Hagstrom (2013) stellt fest: „Complex adaptive systems are in a constant process of evolving over time."[20] Noch deutlicher äußert sich Arthur (2015) „We are in a world where beliefs, strategies and actions of agents are [constantly] being 'tested' for survival within an outcome or 'ecology' that these beliefs, strategies and actions together create."[21] Abb. 6.5 fasst auf der Grundlage dieser Überlegungen die wichtigsten Eigenschaften und Merkmale komplexer adaptiver Systeme zusammen:[22]

Die Beobachtung realer Kapitalmärkte legt nahe, dass dieses Prinzip auch dort eine wichtige Rolle spielt. Trotz enormer Komplexität sind reale Kapitalmärkte in der Lage, sich zumindest im Großteil der Zeit ohne chaotische Nebenwirkungen quasi selbst zu organisieren. Das komplexe System „Kapitalmarkt" bewegt sich offenkundig sehr oft im Modus eines **bedingten „System-Gleichgewichts"** („Quasi-Equilibrium"). Es operiert dann auf Basis eines „normalen" Spektrums an „verständlichen" Informationen, Signalen und Regeln, die für den Großteil

---

[18]Diesen Punkt sieht ähnlich kritisch: Arthur (2013), Complexity; sowie ders. (2015), Complexity.

[19]Arthur (1999), Complexity, S. 107. Vgl. zum Konzept der Evolution grundsätzlich: Kutschera (2015), Evolutionsbiologie.

[20]Hagstrom (2013), Investing, S. 36.

[21]Arthur (2015), Complexity, S. 1 und 7; dort zu diesen Punkten noch wesentlich ausführlicher.

[22]Quelle: Rapp, Heinz-Werner, eigene Darstellung; in Anlehnung an Johnson (2007), Complexity, S. 13–16; sowie Arthur et al. (1997), Emergence, S. 4–5.

Definitorische Merkmale komplexer adaptiver Systeme:

▲ System beinhaltet Ansammlung unterschiedlicher interagierender "Objekte" ("Agenten")

▲ Verhalten der Objekte ("Agenten") beeinflusst durch "Gedächtnis" oder "feedback"

▲ Agenten nutzen individuell-heterogene kognitive Prozesse zur Interpretation der System-Parameter

▲ Objekte passen Verhalten und Strategien laufend gemäß historischem Erfahrungshintergrund an

▲ System ist typischerweise "offen" und kann durch Umweltvariablen beeinflusst werden

▲ System generiert fortlaufend neue Strategien, Regeln oder sonstige Innovationen ("Novitäten")

▲ System erscheint als Folge ständig neuer Veränderungen "lebendig" ("evolutorisch")

▲ System produziert überraschende und oftmals extreme "Phänomene" ("Ausreißer")

▲ Eintritt solcher Phänomene "aus sich heraus" und ohne "zentrale Steuerung" ("Emergenz")

▲ System zeigt komplizierte Abfolgen relativ "stabiler" und massiv "instabiler" Zustände ("Regimes")

▲ System operiert niemals im Zustand eines stabilen Gleichgewichts oder definierten Regelkreises

Abb. 6.5 Komplexe adaptive Systeme und ihre wichtigsten Eigenschaften. (Quelle: Eigene Darstellung H.-W. Rapp 2016)

der Marktteilnehmer nachvollziehbar und plausibel erscheinen und somit einfach „decodierbar" sind.[23]

Dies gilt jedoch nicht in Phasen, in denen das Marktverhalten sich homogenisiert, „aufschaukelt" und – kurzfristig oder auch über längere Zeit hinweg – zu gleichgerichtetem Verhalten führt. Ursache für den ersten Fall sind oftmals neue, zunächst nicht klar „decodierbare" Informationen (z. B. *„Großbritannien entscheidet sich völlig überraschend für Austritt aus der EU"*).

Der zweite Fall, **längerfristige Verhaltens-Homogenisierung**, reflektiert hingegen oftmals soziale Trends und populäre Denkweisen. Shiller (1989) spricht von „Marktmoden", ausgelöst oder verstärkt durch scheinbar „neue" und grundlegende Gewinnchancen (ein gutes Beispiel ist die „Internet-Blase" des frühen 21. Jahrhunderts). Vaga (1990) beschreibt derartige Marktphasen als „Coherent Markets", die charakteristische Markteigenschaften aufweisen.[24] Als Folge einer derartigen **Markt-Kohärenz** können starke Trends, Blasen, Crashes und andere asymmetrische und potenziell destruktive Phänomene resultieren.[25]

Entscheidend ist dabei, dass jedes größere Ereignis und jeder charakteristische Marktverlauf von vielen Marktteilnehmern im Sinne einer Selbstreferenz als „gelernte" Information oder „neue" Heuristik berücksichtigt und zukünftig verwendet wird. Somit verändert sich laufend auch der Fundus an Handelsregeln, Heuristiken, Annahmen und Strategien, die am Markt zum Einsatz kommen („Adaption"). Arthur (2005) präzisiert: *„Behavior creates pattern; and pattern in turn influences behavior."*[26]

Dieser adaptive Mechanismus hat zur Folge, dass Finanzmärkte einem ständigen Veränderungsprozess unterworfen sind. Prozesse dieser Art lassen sich am ehesten als **„institutionelle Evolution"** begreifen, deren Ausgang unbestimmt ist und nur näherungsweise beschrieben werden kann. Neuere Ansätze zur Kapital-

---

[23]Dieses Bild entspricht dem bereits dargestellten Prinzip der „hedonistischen Tretmühle", vgl. oben Kap. 5. Es findet sich analog bereits in psycho-dynamischen Kapitalmarktmodellen, vgl. Rapp (1997), Behavioral, aber auch in den Grundmodellen der Komplexitätsforschung, vgl. Arthur (1994), Certainty.

[24]Vgl. Vaga (1990), Coherent.

[25]Die Entstehungsweise derartiger Phänomene – die in Kap. 5 bereits auf neurowissenschaftlicher Basis hergeleitet wurden – soll hier jedoch nicht weiter vertieft werden. Eine vollständige Darstellung findet sich bei Rapp (1997), Behavioral.

[26]Arthur (2005), Out-of-Equilibrium, S. 2.

marktforschung folgen genau diesem Weg und stützen sich dabei unter anderem auf Modelle der Evolutionsbiologie.[27]

▶ In den Worten von Hagstrom (2013): *„These types of systems are familiar to biologists and ecologists..."* und weiter: *„What we are learning is that studying economic and financial systems is very similar to studying biological systems. The central concept for both is the notion of change, what biologists call evolution. "*[28]

Einen wichtigen Beitrag zu dieser Sichtweise liefern die Arbeiten von Lo (2004b, 2005) im Rahmen der **„Adaptive Markets Hypothesis"**.[29] Lo (2004a) stellt fest, dass eine Erweiterung des bisherigen Kapitalmarkt-Paradigmas um neue Dimensionen der verhaltensökonomischen und evolutorischen Forschung zwingend geboten ist: *„One particularly promising direction is the application of evolutionary principles to financial markets... ".*[30]

Lo (2004b) entwickelt auf dieser Basis ein Konzept, um verhaltenswissenschaftlich fundierte Grundelemente der „Behavioral Finance" als Ergebnis adaptiver Prozesse zu erklären. Lo (2005) folgert: *„Many of the examples that behavioralists cite as violations of rationality that are inconsistent with market efficiency – loss aversion, overconfidence, overreaction, mental accounting, and other behavioral biases – are, in fact, consistent with an evolutionary model of individuals adapting to a changing environment via simple heuristics. "*[31]

Aus dieser Grundannahme entwickelt Lo (2004b, 2005) seine Hypothese, die er als Bindeglied zwischen der „alten" Welt der „Efficient Market Hypothesis" und einer neuen, evolutorisch-verhaltenswissenschaftlich geprägten Sichtweise einordnet:

▶ *„The ... 'Adaptive Markets Hypothesis' (AMH) is based on an evolutionary approach to economic interactions, as well as some recent research in the cognitive neurosciences that has been transforming and revitalizing the intersection of psychology and economics. "*[32]

---

[27]Vgl. Santa Fe Institute (https://www.santafe.edu); analog auch Hagstrom (2013), Investing, S. 36: „Common to the study of complexity is the notion that complex adaptive systems operate with multiple elements, each adapting or reacting to the patterns the system itself creates."

[28]Hagstrom (2013), Investing, S. 36 bzw. S. 40.

[29]Vgl. Lo (2004a, 2004b), Adaptive; sowie: Lo (2005), Behavioral.

[30]Lo (2004a), Adaptive, S. 14.

[31]Lo (2005), Behavioral, Abstract.

[32]Lo (2004b), Adaptive, S. 14.

Wie bereits andere alternative Ansätze zur Erklärung realen Marktverhaltens bietet auch die „AMH" einen konzeptionellen Rahmen, der unterschiedliche „Marktzustände" („Regimes"), intertemporale Zyklen sowie sequenzielle Abfolgen von „rationalen" zu „irrationalen" Marktphasen sinnvoll erklären kann. Folglich lässt die „AMH" verhaltensspezifische Anomalien und dynamische Marktphänomene explizit zu: „...*the AMH implies considerably more complex market dynamics, with cycles as well as trends, and panics, manias, bubbles, crashes, and other phenomena that are routinely witnessed in natural market ecologies.*"[33]

Die „AMH" ermöglicht somit eine prinzipiell zielführende Erweiterung bisheriger Marktmodelle aus dem Umfeld des „EMH"-Paradigmas. Sie bestätigt und unterstreicht in zentralen Punkten die Kernaussagen bereits früher entwickelter alternativer Marktmodelle, wie etwa derjenigen von Vaga (1990) oder Rapp (1995, 1997).[34] Hervorzuheben ist der Versuch von Lo (2005), neuere Erkenntnisse der **Neurowissenschaften** und der **kognitiven Forschung** im Rahmen der „AMH" explizit einzubinden.[35] Dennoch bleibt auch die „AMH" in wesentlichen Punkten noch deutlich hinter den Ansprüchen an ein „neues" Paradigma zurück.[36]

Reale Kapitalmärkte offenbaren in vielen Punkten eine rekursive, reflexive und selbstreferenzielle Natur, die zu einer enormen Komplexität führen kann. Jeder Versuch einer theoretischen Deutung oder modellhaften Erklärung muss sich dieser Herausforderung stellen. Traditionelle Gleichgewichts-Modelle der Kapitalmarktforschung, insbesondere die Markteffizienz-Hypothese, sind daran bislang grandios gescheitert.

Wie Arthur et al. (1997) und andere Komplexitätsforscher eindrücklich zeigen, können weder Märkte noch ganze Wirtschaftssysteme unter derartigen Bedingungen jemals einen stabilen Gleichgewichtszustand erreichen: „*The economy operates far from any optimum or global equilibrium.*"[37] Analog stellt Hagstrom (2013) fest: „*If a complex adaptive system is, by definition, continuously adapting, it is impossible for any such system, including the stock market, ever to reach a state of perfect equilibrium.*"[38]

---

[33]Lo (2005), Behavioral, S. 15.

[34]Vgl. dazu bereits ausführlich oben, Abschn. 4.4.

[35]Vgl. dazu speziell Lo (2005), Behavioral, S. 6–9.

[36]Insbesondere fehlt der „AMH" die stringente Einbindung zentraler Aspekte der neueren Komplexitätsforschung sowie anderer wichtiger Bereiche, die etwa im Rahmen der vorliegenden Ausarbeitung angesprochen werden.

[37]Arthur et al. (1997), Emergence, S. 5; sowie analog: Arthur (1994), Complexity; ders. (1999), Complexity; ders. (2005), Out-of-Equilibrium.

[38]Hagstrom (2013), Investing, S. 23 (Hervorhebung im Original). Analog auch bereits grundlegend: Arthur (2015), Complexity; Arthur et al. (1997), Emergence, S. 3–7; sowie oben, Abschn. 3.4.

Stattdessen oszillieren **komplexe adaptive Systeme** in ständig neuen, dynamisch evolvierenden Systemzuständen. Diese können zwar für längere Zeit ein Bild relativer Rationalität, Stabilität und Effizienz vermitteln („Quasi-Equilibrium"). Sie können jedoch auch sehr schnell („abrupt") in extrem instabile Systemzustände übergehen (**„System Transition"/„Regime Change"**). Dies gilt insbesondere dann, wenn die System-Parameter durch positive oder negative „Feedback-Schleifen" geprägt sind: *„...systems [..] become especially interesting if they contain nonlinearities in the form of positive feedbacks. "*[39]

▶ Die spontane Herausbildung neuer Systemzustände (ohne jede zentrale Steuerung oder äußeren Eingriff), insbesondere das Auftreten instabiler Systemzustände und „chaotischer" Phänomene, wird in der Komplexitätsforschung auch als „Emergenz" bezeichnet.[40]

Dieser Bereich der Komplexitätsforschung ist sowohl intellektuell faszinierend als auch inhaltlich vielversprechend; er weist in vielen Aspekten starke Ähnlichkeiten und direkte Analogien zum Komplex der **Chaostheorie** auf[41] (Abb. 6.6).

So ermöglicht die moderne Komplexitätsforschung einen faszinierenden Einblick in die komplexe, dynamische und nicht-lineare „Grundmechanik" realer Kapitalmärkte, einschließlich vieler bisher nur schwer erklärbarer Marktphänomene wie „Blasen" und „Crashes". Diese sind im Rahmen der Theorie komplexer adaptiver Systeme nichts anderes als „emergent" auftretende „System-Transitionen" und „Regimewechsel", die als solche – innerhalb eines konsistenten Rahmens – problemlos hergeleitet und nachvollzogen werden können. Sornette (2003), der sich beruflich mit dem Feld der „Katastrophenforschung" beschäftigt, stellt dazu fest: *„It turns out that most complex systems in natural and social sciences do exhibit rare and sudden transitions..."* und weiter: *„...the long term behavior of these complex systems is often controlled in large part by these rare catastrophic events...".*[42]

---

[39]Arthur (1999), Complexity, S. 1.

[40]Vgl. insbesondere: Arthur et al. (1997), Emergence.

[41]Vgl. dazu u. a. Johnson (2007), Complexity, S. 39–66; insbesondere aber: Sornette (2003), Crash; sowie grundlegend: Mandelbrot und Hudson (2005), (Mis)behavior.

[42]Sornette (2003), Crash, S. 18.

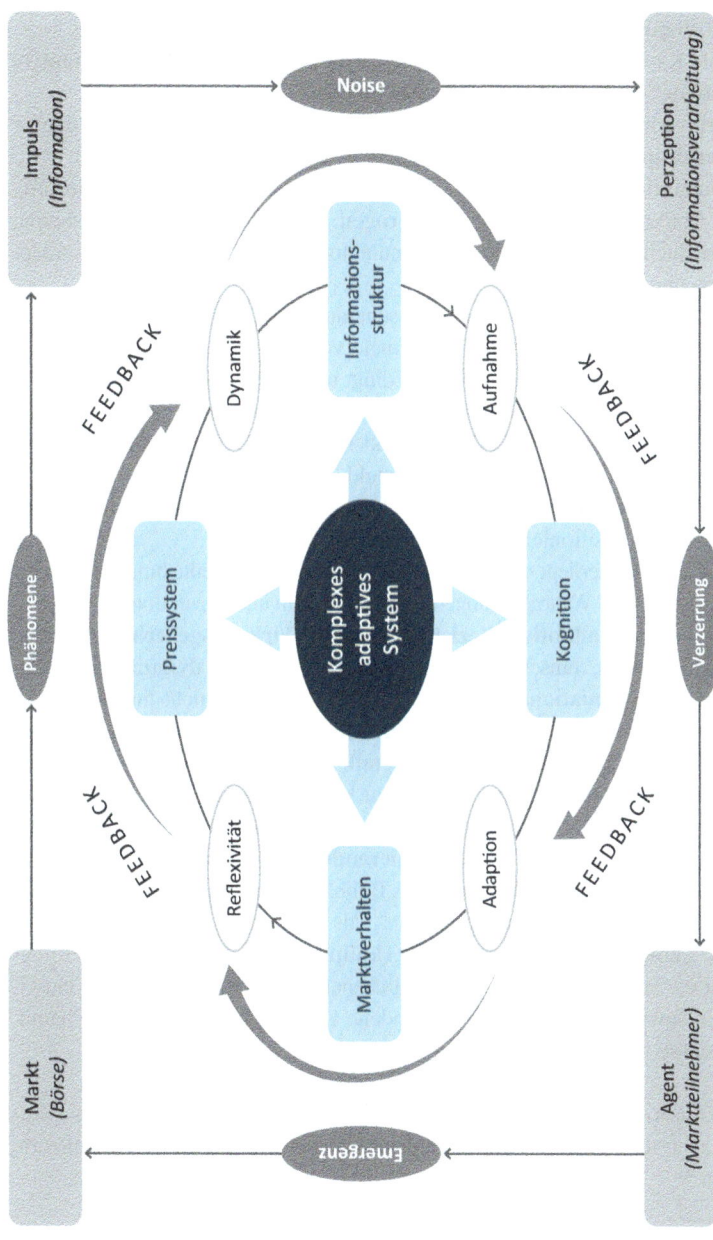

Abb. 6.6 Ganzheitliche Sicht von Märkten als komplexe adaptive Systeme. (Quelle: Eigene Darstellung H.-W. Rapp 2016)

Eine Würdigung und Zusammenfassung führt zu folgendem Ergebnis

- Reale Kapitalmärkte sind am ehesten zu verstehen als **„komplexe adaptive Systeme"** im Sinne der Komplexitätstheorie.

- Marktverhalten und Marktverläufe entstehen als Folge **interdependenter Interaktionen** der am Markt handelnden Agenten (Marktteilnehmer)

- **Informationsverhalten, Erwartungsbildung und Entscheidungsfindung** der Marktteilnehmer verläuft **heterogen,** als Folge subjektiver Prägung, individueller kognitiver Prozesse und autonom stattfindender Lern-, Adaptions- und Evolutionsprozesse.

- Individuelle Informations- und Entscheidungsprozesse sind geprägt durch **kognitive Verzerrungen** und irrationale Verhaltensmuster; diese sind überwiegend biologisch und neuronal bedingt und somit **„systematisch".**

- Marktteilnehmer versuchen fortlaufend, ihre spezifischen Handlungsweisen („Strategien") an aktuell erlebte Markt-Ergebnisse und -Erfahrungen, aber auch an soziale und mediale Rückmeldungen („Feedbacks") anzupassen, sich also innerhalb eines **dynamischen Bezugsrahmens** („System") laufend neu zu positionieren („Adaption").

- Gleichzeitig unterliegt der „kognitive Prozess" der Marktteilnehmer kontinuierlich veränderten Wahrnehmungen, Einschätzungen und Perzeptionen.

- Das **komplex-adaptive Beziehungs- und Wirkungsgeflecht** an realen Kapitalmärkten, einschließlich einer sich fortlaufend **dynamisch verändernden Informationsstruktur,** erzeugt eine Vielzahl nicht-linearer, rekursiver und teilweise selbst-referenzieller Mechanismen und Verhaltensweisen.

- Nichtlineare Mechanismen und generelle „Feedback-Prozesse" induzieren **Instabilitäten des Systems,** bis hin zu kritischen **System-Veränderungen** („Regimewechseln") oder System-Abstürzen („Crashs").

- **Destabilisierende** oder **transformierende** Veränderungen eines Systemzustandes – dazu zählen speziell „Bubbles" und „Crashes" – entstehen jeweils endogen und „aus sich heraus", als sogenannte **„Emergenz".**

- Eine **„komplexitätsorientierte" Verknüpfung** all dieser Faktoren ermöglicht es, ein ganzheitliches und realitätsnahes Kapitalmarkt-Bild zu entwickeln sowie die dort ständig vorhandene Komplexität und Systemdynamik besser zu verstehen.

Sinnvolle Ansätze zur Erforschung realer Kapitalmärkte müssen demnach zwingend auf zentrale Prinzipien der Komplexitätsforschung und der Systemtheorie rekurrieren.[43]

---

[43]Auf diesen Punkt verweist sehr nachdrücklich: Sornette (2003), Crash.

Dabei gilt: „*Complex adaptive systems must be studied as a whole, not in individual parts, because the behavior of the system is greater than the sum of the parts.*"[44]

Als grundlegender und weitaus wichtigster Schritt muss jedoch zunächst das **Verständnis kognitiver Konzepte** vertieft werden.[45]

6.5   Die Bedeutung kognitiver Konzepte

Um die Komplexität realer Kapitalmärkte sowie der dort permanent ablaufenden Aktionen und Interaktionen der Marktteilnehmer besser verstehen zu können, müssen zentrale Aspekte der Kognitions- und Verhaltensforschung herangezogen werden.[46] Folglich ist auch aus Sicht der modernen Komplexitätsforschung „**Kognition**" die „**Black Box der Wirtschaftswissenschaften**".

▷ In den Worten von Arthur (2000): „*...how agents get from problem to solution is a black box. [...] And between the problem and the action lies cognition.*"[47]

Aus den Erkenntnissen der **Verhaltensökonomie** geht klar hervor, dass Individuen bei der Aufnahme und Verarbeitung von Informationen zahlreichen Limitationen und Verzerrungen („Biases") unterliegen. Das gleiche gilt in Bezug auf das Erkenntnis- und Entscheidungsverhalten.[48] Arthur (2000) konzediert: „*So this brings us into the world of cognition, and of behavioral economics.*"[49]

Trotz dieser unbestrittenen Restriktionen in Bezug auf „rationales Verhalten" wird die Ebene der „Information" nur selten infrage gestellt. Information gilt als

---

[44]Hagstrom (2013), Investing, S. 43. Eine explizite Berücksichtigung von Elementen der Evolutionstheorie scheint ebenfalls geboten, soll hier jedoch nicht weiter vertieft werden; vgl. dazu aber: Arthur (2013), Complexity, S. 1: „This view, in other words, gives us a world closer to that of political economy than to neoclassical theory, a world that is organic, evolutionary, and historically-contingent."

[45]Vgl. dazu ausführlich bereits die neurowissenschaftliche und kognitionsbasierte Herleitung oben, in Kap. 5.

[46]Dies betont auch Lo (2004a), Adaptive (Abstract): „Recent research in the cognitive neurosciences suggests that these two perspectives are opposite sides of the same coin."

[47]Arthur (2000), Cognition, S. 1 bzw. 2. Bezeichnenderweise trägt das zugehörige grundlegende Papier den Titel „Cognition: The Black Box of Economics".

[48]Vgl. dazu bereits oben, Kap. 4 („Behavioral Finance"), sowie Kap. 5 („Kognitionsforschung").

[49]http://tuvalu.santafe.edu/~wbarthur/complexityeconomics.

klar definiert, einfach erkennbar und eindeutig „dechiffrierbar". Im Lichte neuerer neurologischer Forschungen muss jedoch auch diese Annahme stark bezweifelt werden. Wie bereits gezeigt wurde, hängt auch die Klassifikation einer „Information" oder eines „Informationsinhalts" sehr stark davon ab, in welcher neuronalen Grunddisposition und auf Basis welcher bereits vorhandenen **Konditionierung** und bestehenden **Assoziationen** sie wahrgenommen und rezipiert wird. Arthur (2000) stellt fest: „*...our brains are 'associative engines' ....*".[50] Doch bereits Hayek (1952) gibt den entscheidenden Hinweis: „*Association, in other words, is not something in the appearance of mental qualities, nor something which acts upon given qualities; it is rather the factor which determines the qualities.*"[51]

Beispiel

Einfach ausgedrückt: Die Aussage „nachher regnet es" kann für einen Spaziergänger als wichtige Information erkannt, rezipiert und in die sinnvolle Entscheidung „nach Hause gehen" transformiert werden. Für einen Höhlenforscher, einen Taucher oder den Insassen eines Eisenbahnwaggons hat die Aussage hingegen kaum Informations-Relevanz und wird wohl ignoriert. Doch auch für einen Spaziergänger, der in Südkalifornien lebt, und der bereits mehrfach erleben musste, dass die Ankündigung von Regen sich ex post als falsch herausstellte, wird die Aussage nur geringen Informationswert entfalten. Hier dürfte die Ursprungs-Information folglich zu einer anderen Art der Entscheidung führen als im Ausgangsfall. Und wieder anders würde die Perzeption und Transformation verlaufen, wenn der Fußgänger zudem noch über ein ausgeprägtes meteorologisches Fachwissen und entsprechende Wettersensoren, also über „Expertenwissen" und anders gelagerte Assoziationen verfügte.[52]

Diese Beispiele scheinen banal, sie lassen sich jedoch direkt auf zentrale Aspekte der Kapitalmarktforschung übertragen: Vorkenntnisse, Konditionierung, „gelerntes" Wissen, evolutorisch entwickelte Entscheidungs-Heuristiken sowie der laufende Strom an beobachteten Marktpreisen, unscharfen Signalen und anderen, echten oder mutmaßlichen Botschaften („Feedback") entscheiden über die

---

[50]Arthur (2000), Cognition, S. 3.

[51]Hayek (1952), Sensory, S. 119; vgl. dazu grundlegend bereits oben, Kap. 5 („Kognitionsforschung").

[52]An dieser Stelle sei besonders auf die Thesen der Neurowissenschaft verwiesen, wonach „gelerntes Wissen" und „physische Erfahrungsspeicher" eine wesentliche Rolle bei der individuellen Informationsverarbeitung und Entscheidungsbildung einnehmen; vgl. dazu bereits oben, Abschn. 5.2.

Wahrnehmung, Aufnahme und Perzeption einer Information, sowie – in nächster Instanz – über deren Auswertung, Überprüfung, Validierung, Klassifikation und mögliche Transformation in eine Entscheidung oder Handlung.[53]

Diese Betrachtung verweist unmittelbar zurück auf das Grundproblem der „**Komplexität**", das an anderer Stelle bereits ausführlich thematisiert wurde. Hayek (1952) hat auch diesen Aspekt bereits vor 65 Jahren überraschend klar erkannt und beschrieben als „*… structure of a complex dynamic system whose elements are connected as cause and effect.*"[54]

6.6 Kognitive Beschränkungen und Defizite

Das Grundverständnis kognitiver Prozesse und Konzepte schärft den Blick für typische Phänomene, die als **kognitive Beschränkungen und Defizite** bezeichnet werden können. Viele dieser Defizite sind offenkundig in der neurophysiologischen Grundstruktur menschlicher Gehirne angelegt. Sie entspringen nach überwiegender Einschätzung grundlegenden Prozessen der Evolution, insbesondere der Ausformung des menschlichen Gehirns im Laufe der Jahrtausende. Die Entschlüsselung solcher Phänomene mithilfe anthropologischer, neurowissenschaftlicher oder evolutionsbiologischer Forschungen befindet sich zwar noch in den Kinderschuhen, sollte aber dennoch keinesfalls negiert werden.

Zu den typischen Defiziten dieser Art zählt die mangelnde Fähigkeit des menschlichen Gehirns, komplexe Strukturen zu erkennen, zu durchdringen und richtig zu interpretieren. Dieses Phänomen ist auch als „Komplexitätsaversion" bekannt.[55] Der kognitive Apparat greift dann – wie bereits gezeigt wurde – auf einfache, evolutorisch geprägte oder „gelernte" Verfahren zur Komplexitätsreduktion zurück (Mustererkennung, Heuristiken etc.).[56]

---

[53]Vgl. dazu bereits oben, Kap. 5.

[54]Hayek (1952), Sensory, S. 109. Zu grundsätzlichen Aspekten der „Komplexität" vgl. ausführlich bereits oben, Abschn. 6.3 und 6.4.

[55]Vgl. dazu grundlegend: Dörner (2003), Logik. Miller (1956) verweist sogar explizit auf das Problem menschlicher Gehirne, Problemstellungen mit mehr als 7 Variablen adäquat zu adressieren: „… it seems safe to say that we possess a finite and rather small capacity for making such unidimensional judgments." (Miller 1956, Number, S. 347).

[56]Vgl. dazu ausführlich bereits oben, Kap. 5; sowie spezifisch: Gigerenzer et al. (1999), Heuristics.

Dynamische Prozesse und inhaltliche Zusammenhänge mit einer größeren Anzahl interdependenter Variablen werden deshalb – als direkte Folge der Komplexitätsaversion – oftmals systematisch unterschätzt, missinterpretiert oder ignoriert.[57]

Die längerfristigen Auswirkungen und Verlaufspfade komplexer Probleme, sowie deren potenzielle Rückwirkungen auf andere Elemente eines Systems, liegen dann außerhalb des typischen Blickwinkels vieler Marktteilnehmer. Eine rationale Erfassung, Bewertung und „Diskontierung" zukünftiger – relativ gut prognostizierbarer – Entwicklungen unterbleibt oftmals. Dies impliziert **systematische Defizite** der jeweiligen Informationsstruktur, also die Entstehung spezifischer, langfristig sehr relevanter Informationslücken und Fehleinschätzungen.[58]

Aus Sicht der Praxis spricht sehr vieles für diese These: Reale Kapitalmarktverläufe scheinen immer wieder durch **„Blinde Flecken" („Blind Spots")** geprägt, in denen langfristige Prognosen, erkennbare Entwicklungen oder tatsächlich vorhandenes Zukunftswissen einfach „verschwinden". Ein aktuelles Beispiel ist das unterentwickelte Verständnis für die langfristige Dynamik und die zahlreichen adversen Wirkungsmechanismen einer zu hohen systemischen Verschuldung. Andere Beispiele betreffen die anhaltende Ignoranz gegenüber klar absehbaren disruptiven Effekten im Kontext der Themen „Klimawandel", „Carbon Bubble" und „Dekarbonisierung".[59]

Das Phänomen der „Blind Spots" hat zur Folge, dass relevante Zukunftsinformation weder von einzelnen Marktteilnehmern noch vom Kapitalmarkt als Aggregat vollständig und „zeitstetig" verarbeitet und effizient „eingepreist" wird. Trotz prinzipiell verfügbarer – oder zumindest leicht deduzierbarer – Informationsinhalte verhindern offensichtlich neuronale Limitationen und kognitive Defizite eine inhaltlich und zeitlich vollständige Wahrnehmung und adäquate Perzeption des zugrunde liegenden Informationsgehalts.

Komplementär zum Phänomen der „Blind Spots", in gewisser Weise aber auch daraus hervorgehend, ist das Phänomen des **„Sudden Death"**. Dieser Begriff bezeichnet das abrupte, oftmals zeitverzögerte und meist sehr heftige Reagieren eines Marktes auf (prinzipiell bereits längere Zeit) bekannte Informationen oder

---

[57]Vgl. dazu grundlegend: Gigerenzer et al. (1999), Heuristics; sowie: Dörner (2003), Logik.

[58]Vgl. dazu bereits grundsätzlich: Rapp (2009), Sudden Deaths.

[59]Vgl. dazu konkret: FERI-WWF (2017), Carbon Bubble. Zum Problem der zeitlich ineffizienten Erkenntnis- und Diskontierungsfähigkeit realer Kapitalmärkte sowie zu den Phänomenen „Blind Spots", „Long Waves" und „Sudden Death"; vgl. ausführlich: Rapp (2009), Sudden Deaths.

Ereignisse. Oftmals werden dabei langfristige Marktverläufe (sogenannte „Long Waves") abrupt und mit großer Durchschlagskraft „korrigiert" oder gebrochen.

Faktisch entspricht der „Sudden Death" einer plötzlichen Kenntnisnahme oder **„Neubewertung"** von Informationen, die zwar bereits vorher latent oder konkret vorhanden waren, aufgrund kognitiver Beschränkungen jedoch (wie im Fall des „Blind Spot") weder adäquat aufgenommen noch zielgerichtet verarbeitet wurden.

Das Auftreten von „Sudden Deaths" am Kapitalmarkt kann äußerst disruptiv wirken und mehrjährige stabile Trends durch einen plötzlichen crashartigen Absturz beenden. Diese Wirkung ist umso verblüffender, als – definitionsgemäß – die dafür entscheidenden „neuen" Informationen bereits lange Zeit vorher verfügbar waren. Erklärbar sind derartige Phänomene, wie so vieles an realen Kapitalmärkten, nur auf der Grundlage eines tiefen Wissens über die Probleme und **Limits menschlicher Kognitionsfähigkeit.**

Beispiel

Als Beispiel für einen typischen „Sudden Death" sei das abrupte Ende der Negativzins-Phase und der massive Zinsanstieg an den globalen Rentenmärkten im Herbst 2016 als Folge steigender Inflationserwartungen genannt. Auch hier war die entsprechende Kausalität bereits Monate vorher als Faktenlage klar bekannt und explizit benennbar.[60]

Auch die Abschätzung quantitativer Effekte über längere Zeiträume hinweg scheint für das menschliche Gehirn ein schwieriges Problem zu sein. Dies gilt ganz besonders für Prozesse exponentiellen Wachstums, also die mathematisch korrekte Bewertung geometrischer Reihen.

Beispiel

Das klassische Beispiel ist die alte Legende vom weisen Mann und dem König: Der König verspricht dem weisen Mann (der zur Zerstreuung des Königs das Schachspiel erfand), zur Belohnung allen Weizen, den dieser auf einem Schachbrett ablegen kann, wobei die Anzahl der Weizenkörner sich mit jedem Feld verdoppeln soll. Der König fühlt sich durch diesen scheinbar bescheidenen Wunsch zuerst beleidigt, doch dann stellt sich heraus: der weise

---

[60]Vgl. exemplarisch: Rapp (2016), Regimewechsel.

Mann hätte nach dem 64. Feld Anspruch auf eine unvorstellbar große Menge Weizen: das Ergebnis einer exponentiellen Funktion zur Potenz 64.[61]

Ähnlichen Fehlkalkulationen unterliegt das menschliche Gehirn offenkundig häufig, etwa wenn es um den Effekt einer mehrjährigen Zinseszinsrechnung oder die langfristigen Auswirkungen pathologischer Wachstumsverläufe geht.[62] Dörner (2003) bezeichnet deshalb die *„Unterschätzung exponentieller Abläufe"* als einen typischen *„kognitiven Fehler"*, ebenso wie die *„Unfähigkeit zum nichtlinearen Denken in Kausalnetzen"*.[63]

Das Problem derartiger **Kognitionsdefizite** liegt darin, dass sowohl die Kapitalmärkte als auch die Politik fortwährend mit Daten und Verläufen dieser Art konfrontiert sind. Ob es um die richtige Bewertung einer Aktie mit langfristig hohen Wachstumsraten geht, den langfristig untragbaren Zinseszinseffekt einer überhöhten systemischen Verschuldung oder um die korrekte Antizipation einer langfristig drohenden Renten-Lücke: Stets müssen komplexe Entwicklungen mit langfristig progressivem Verlauf kognitiv richtig erfasst und quantifiziert werden, was jedoch offenkundig nur sehr unzureichend gelingt[64] (Abb. 6.7).

Diese offenkundigen Defizite erzeugen an realen Kapitalmärkten unter anderem ein charakteristisches Phänomen, das auch als **„Investor Myopia"** bekannt ist. „Myopische" Investoren denken und handeln mit verblüffend kurzem Zeithorizont; sie widerlegen damit das Idealbild von Kapitalmärkten als rationalen Diskontierungsmechanismen und effizienten Tauschbörsen für langfristige Investitionen und Finanzkontrakte.[65]

Myopische Marktteilnehmer sind offenkundig nicht in der Lage, langfristige Trends und Tendenzen korrekt zu antizipieren, zu bewerten oder zu verstehen. Beobachtbare Phänomene wie „Blind Spots" und korrespondierende „Sudden

---

[61]Vgl. die Legende von „Sissa Ibn Dahir", z. B. bei Lang (2014).

[62]Auch hierzu gibt es zahlreiche eindeutige Beispiele aus der experimentellen Wirtschaftsforschung, vgl. etwa Dörner (2003), Logik, S. 156–234. Vgl. dazu auch schon die alte Geschichte vom „Josephspfennig", z. B. unter http://www.zins-zinseszins.de/geschichte-des-josephspfennig/.

[63]Vgl. Dörner (2003), Logik, S. 54.

[64]Das erstgenannte Beispiel verhilft seit Jahren klugen Langfrist-Investoren wie Warren Buffet zu einer verblüffenden „Überrrendite"; die beiden anderen Beispiele sind in „Echtzeit" im Rahmen aktueller Politik zu beobachten. Vgl. dazu auch: Acharja und Rajan (2013), Myopia.

[65]Vgl. beispielhaft: Shleifer und Vishny (1990), Horizons; DeLong et al. (1989), Incidence; De Long et al. (1991), Survival; sowie: Sahlman und Stevenson (1987), Myopia.

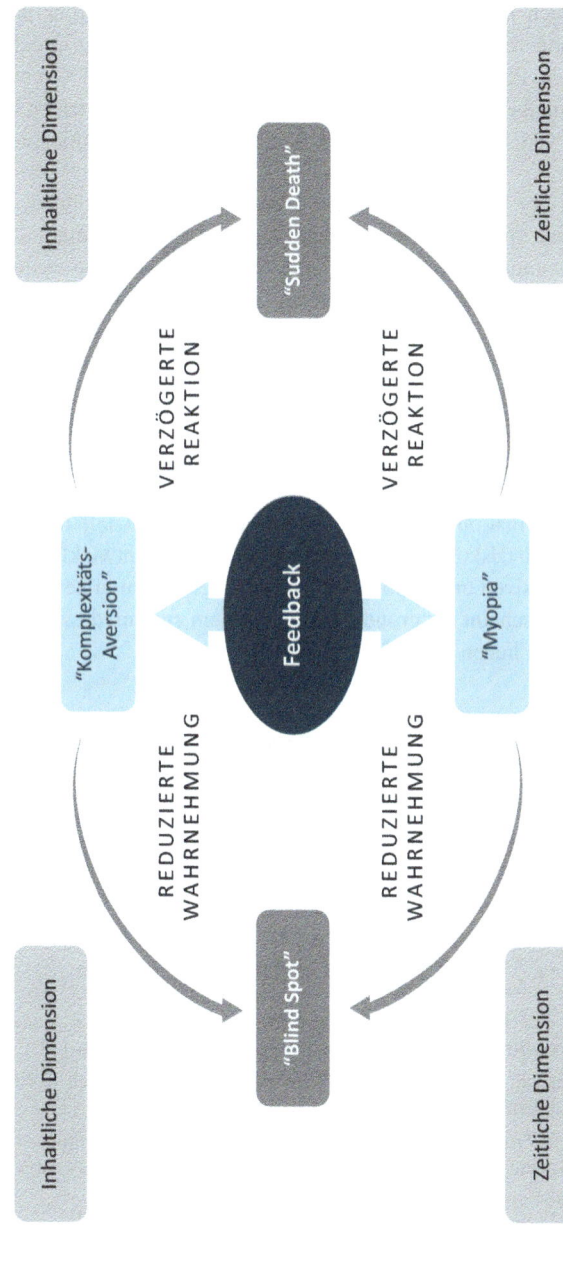

Abb. 6.7 Kognitive Beschränkungen und typische Markt-Ineffizienzen. (Quelle: Eigene Darstellung H.-W. Rapp 2016)

Deaths" lassen sich unter anderem auf dieses Grundmuster zurückführen. Die „myopische" Natur realer Kapitalmärkte zeigt sich derzeit ausgesprochen drastisch im aktuellen Phänomen des „Hochfrequenzhandels"; das Grundproblem „kurzfristiger" Anlageentscheidungen und Zeithorizonte wurde jedoch bereits in frühen Arbeiten von Keynes, Tobin und Shiller nachgewiesen und problematisiert.[66]

Das Problem der „Investor Myopia" könnte tatsächlich weniger ein Ausdruck kurzsichtiger Spekulation als vielmehr ein neurologisch bedingtes Erbe der menschlichen Evolution sein.[67] Damit hätte das Phänomen eine systematische Relevanz, da „Myopia" quasi zur endogenen „Grundausstattung" realer Kapitalmärkte gehören würde. Sollte dieses Bild zutreffen, resultiert daraus eine große Chance für einzelne Marktteilnehmer, durch **adäquate Kognition"**, also durch besseres Erkennen und objektive Abschätzung langfristiger Prozesse und komplexer Verläufe, systematische **Überrenditen** am Markt zu erzielen.

Gleichzeitig wäre es jedoch ein zusätzliches klares Indiz, dass reale Kapitalmärkte nur sehr bedingt als Mechanismus zur effizienten Aggregation und Verarbeitung von Informationen gesehen werden können. Speziell die Erfassung, Quantifizierung und Diskontierung langfristig relevanter Entwicklungen, insbesondere bei progressiven und exponentiellen Verläufen (wozu ja bereits normales „Wachstum" zählt) scheint ein grundlegendes Problem zu sein, dessen Ursache in kognitiven Defiziten liegen dürfte.[68]

6.7   Kognitive Analytik und „Cognitive Finance"

Die vorangegangenen Ausführungen haben gezeigt: Die Zeit ist reif für einen **grundlegenden Paradigmenwechsel** in der Kapitalmarktforschung, aber auch in vielen Bereichen der Wirtschaftswissenschaften: *„Clearly the time has come for an evolutionary alternative to market efficiency...".*[69] Dieser Paradigmenwechsel

---

[66]Das „Ideal-Bild" von Börsen als langfristig orientierten Diskontierungs – und Transaktions-Mechanismen wird etwa erörtert bei: Keynes (1936), Theory, S. 124–138.

[67]Vgl. dazu ausführlich: Kahneman (2011), Thinking; sowie analog auch Dörner (2003), Logik, dort insbesondere: S. 306–314.

[68]Genau aus diesem Grund liegt hier ein zentraler Aspekt der Anwendungsorientierung kognitiver Analytik, wie nachfolgend im Kontext der „Cognitive Finance" dargestellt, vgl. unten, Abschn. 6.7.

[69]Lo (2005), Behavioral, S. 10, und dort weiterführend.

ist erkennbar mühsam und kompliziert, denn er muss tradierte Annahmen, etablierte theoretische Modelle und grundsätzliche Denkblockaden überwinden.

Er müsste ferner anerkennen, dass das bisher geprägte Bild des Menschen als rational handelndem „homo oeconomicus" nur geringe Ähnlichkeit mit der Realität hat. Zudem müssen wissenschaftstheoretisch kultivierte, letztlich aber artifizielle Grenzen zwischen verschiedenen wissenschaftlichen Teildisziplinen konstruktiv überwunden werden. Ein neues Paradigma der Kapitalmarktforschung müsste demnach, zumindest in Grundzügen, dem Bild in Abb. 6.8 entsprechen:

Wie bereits mehrfach gezeigt wurde, haben Fragen der menschlichen Wahrnehmung, der kognitiven Rezeption und Perzeption von Information, der subjektiven Entscheidungsfindung sowie anderer neuronal und psychosozial motivierter Handlungen hierbei eine überragende Bedeutung.

Folglich muss im Zentrum eines neuen Paradigmas die **moderne Kognitionswissenschaft** stehen. Diese rekurriert in ihren zentralen Erkenntnissen auf Elemente der Philosophie, der Psychologie, der Neurowissenschaften, der (Evolutions-)Biologie und der Anthropologie; sie bietet darüber hinaus sogar Anknüpfungspunkte zur modernen Computerwissenschaft und zu Fragen der Künstlichen Intelligenz[70] (Abb. 6.9).

Wegweisend für diesen integrativen und bewusst interdisziplinären Ansatz waren unter anderem Arbeiten von Miller (2003), auf den auch die grafische Darstellung in Abb. 6.9 zurückgeht.[71] Miller (2003) betont: *„I argued that at least six disciplines were involved..."* und verweist dabei nachdrücklich die **multidimensionalen Verknüpfungen** der einzelnen Teil-Disziplinen: *„...each line in the figure represented an area of interdisciplinary inquiry that [...] involved the tools of the two disciplines it linked together."*[72]

---

[70]Zu den anfangs sehr zersplitterten und heterogenen Grundlagen der „Cognitive Sciences", sowie deren Weiterentwicklung zu einer relativ geschlossenen wissenschaftlichen Konzeption, vgl. insbesondere Miller (2003), Revolution. Aufbauend auf dieser Sichtweise beschwört Miller (2003), Revolution, S. 144, den „...original dream of a unified science...".

[71]Vgl. dazu grundlegend: Miller (2003), Revolution. Ein ähnlicher Ansatz wird auch im Rahmen dieser Arbeit mehrfach vertreten, vgl. dazu oben Abschn. 4.5, sowie nachfolgend, Abschn. 6.8; speziell als Grundlage der „Cognitive Finance"-Methodik.

[72]Miller (2003), Revolution, S. 143, und dort weiter präzisierend (S. 141): „... it was becoming clear in several disciplines that the solution to some of their problems depended crucially on solving problems traditionally allocated to other disciplines."

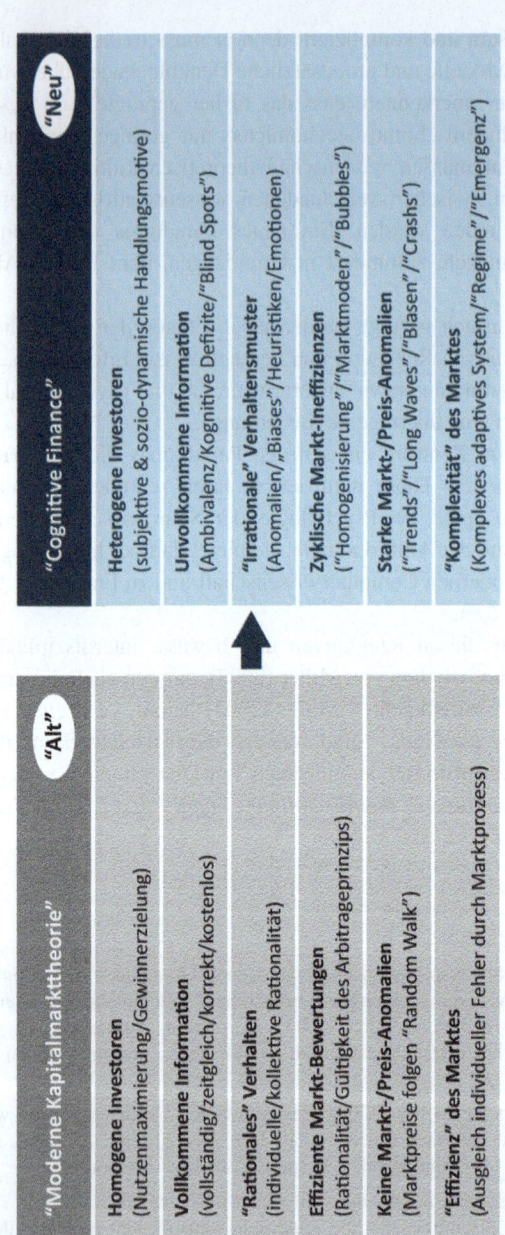

Abb. 6.8 Grundzüge eines neuen Marktbildes der „Cognitive Finance". (Quelle: Eigene Darstellung H.-W. Rapp 2016)

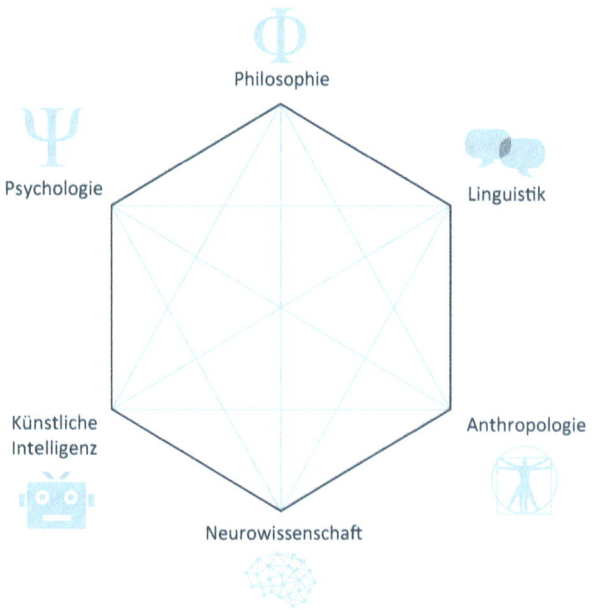

Abb. 6.9 Kernbereiche der Kognitionswissenschaft. (Darstellung nach Miller 2003)

▷   Dieser interdisziplinäre Ansatz einer aufgeklärten Kognitionswissen-
    schaft schafft eine entscheidende Grundlage für die Gewinnung neuer
    Erkenntnisse und die Entwicklung innovativer Analyse-Methoden.
    Eine gezielte Kombination und Synthese relevanter Teilaspekte der
    kognitiven Teil-Disziplinen ermöglicht dann den Aufbau einer **„Kogni-
    tiven Analytik".**[73]
    • Die so definierte Kognitive Analytik wäre per Definition **interdiszi-
      plinär** angelegt. Sie würde innerhalb der Kognitionswissenschaft
      einen breiten methodischen Rahmen für weitere Forschung bilden
      und dabei auch Grenzwissenschaften, also Berührungspunkte und

---

[73]Vgl. dazu ausführlich: FERI Cognitive Finance Institute, Bad Homburg (www.feri-cogni-
tive-finance-institute.de).

Überschneidungen unterschiedlicher Teildisziplinen, aktiv einbeziehen.[74]

- Die Kognitive Analytik würde nicht länger vom weltfremden und
  utopistischen Menschenbild eines „homo oeconomicus" ausgehen,
  sondern die **Realitäten und Limitationen menschlicher Natur
  und menschlichen Verhaltens** zur Kenntnis und zum inhaltlichen
  Ausgangspunkt nehmen.

- Sie würde damit zu **konsistenten Hypothesen** menschlicher Aktionen und Interaktionen in komplexen Situationen gelangen, wie
  diese exemplarisch an realen Kapitalmärkten zu beobachten sind.

- Sie würde ferner, auf Basis der neueren Neurowissenschaften, den
  Einfluss **kognitiver und psychosozialer Verzerrungen und Limitationen** einbeziehen und so auch die Entstehung „irrationaler"
  Phänomene wie Blind Spots, Marktmoden, Marktblasen und Markt-
  crashes widerspruchsfrei erklären können.[75]

- Die Kognitive Analytik würde folglich, direkt und indirekt, zahlreiche zentrale Aussagen der Behavioral Finance integrieren und
  diesen so einen festen Platz, aber auch eine **weiterführende Perspektive** bieten.[76]

- Sie würde darüber hinaus die Erkenntnisse der Systemtheorie, der
  Komplexitätsforschung sowie der Chaostheorie aufgreifen und
  aktiv in ihre Hypothesenbildung einbeziehen; dies würde eine rea-
  listischere Sicht auf ökonomische Prozesse und die **Komplexität
  realer Kapitalmärkte** ermöglichen.[77]

- Die Kognitive Analytik würde folglich zu deutlich verbesserten
  Beschreibungen, Erkenntnissen und Erklärungsmodellen für reale
  Kapitalmarktphänomene führen; sie würde damit einer aufgeklär-
  ten Kapitalmarktforschung **entscheidende neue Impulse** geben.

---

[74]In diesem Sinne dezidiert bereits Miller (2003), Revolution, S. 143: „Each [discipline],
by historical accident, had inherited a particular way of looking at cognition and each had
progressed far enough to recognize that the solution to some of its problems depended crucially on the solution of problems traditionally allocated to other disciplines."

[75]Die entsprechenden Grundlagen und Ansätze dazu wurden im Rahmen dieser Abhandlung ausführlich dargestellt, vgl. dazu oben, Kap. 5.

[76]Dies entspricht den Überlegungen, die oben, in Kap. 4, bereits eingehend thematisiert
wurden. Vgl. dazu analog auch Lo (2004a, 2004b), Adaptive, und Lo (2005), Behavioral.

[77]In diesem Sinne insbesondere die Arbeiten von W. Brian Arthur im Rahmen des bereits
ausführlich dargestellten „Santa Fe Approaches".

▶ Die gezielte Anwendung und Weiterentwicklung dieser Kognitiven Analytik im Rahmen einer praxisorientierten Wirtschafts- und Kapitalmarktforschung wird im weiteren Verlauf auch als „**Cognitive Finance**" bezeichnet.[78]

6.8 Cognitive Finance als zukunftsweisendes Konzept

Der Begriff „**Cognitive Finance**" impliziert, neben einem kognitiv geprägten und stark interdisziplinären Theorie- und Methodengerüst (der „Kognitiven Analytik"), auch einen direkten Anwendungsbezug. Dieser erstreckt sich primär auf alle diejenigen Fragen und Problemstellungen, die zu einem besseren Verständnis wirtschaftlicher Prozesse und Entwicklungen beitragen; dazu zählen speziell – aber nicht nur – langfristige Trends und Verläufe an realen Kapitalmärkten.[79]

- „**Cognitive Finance**", sowohl als theoretisches Konzept wie auch als praxisorientierte Methodik, versucht zunächst, wirtschaftliche Prozesse und Kapitalmärkte objektiv und frei von Dogmen so zu sehen und zu verstehen, wie diese tatsächlich sind.
- Die zentralen Grundlagen dazu bietet die Kognitive Analytik.
- Mithilfe der Kognitiven Analytik wird versucht, die Entstehung langfristiger Erwartungen, säkularer Trends und spezieller Verläufe („Phänomene") an realen Kapitalmärkten besser nachzuvollziehen.
- Eine große Rolle spielen dabei typische **kognitive Fehlleistungen,** „Biases", „Blind Spots" und übergreifende „Marktmoden".
- Derartige Phänomene können im Rahmen der „Cognitive Finance" als Quelle spezieller **Renditechancen,** aber auch als Ursache für zeitverzögert eintretende **Marktrisiken** („Sudden Death", „Crash") identifiziert werden.
- Langfristige Trends und Erwartungen bilden deshalb im Rahmen der „**Cognitive Finance**" eine **zentrale Betrachtungsebene,** die unter anderem auch die Sichtweise strategischer Investoren reflektiert.

---

[78]Sowohl diese begriffliche Deutung als auch die entsprechende Methodik wurden entwickelt von Rapp, Heinz-Werner, in Zusammenarbeit mit der FERI AG, Bad Homburg, im Rahmen des „FERI Cognitive Finance Institute". Sie sind dort unter anderem Grundlage und Gegenstand weiterführender Forschungsarbeiten und spezieller Praxisanwendungen. Der Begriff „FERI Cognitive Finance" ist urheberrechtlich geschützt.

[79]Vgl. dazu auch: FERI Cognitive Finance Institute, www.feri-cognitive-finance-institute. de, Sektion: „Cognitive Finance" und die dort hinterlegten Texte und Dokumente.

- Sofern Phänomene wie „Investor Myopia" und „Komplexitätsaversion" als real und dauerhaft (weil neuronal „implantiert") interpretiert werden, sind sehr starke Hypothesen zu potentiellem Marktverhalten möglich.
- Dies gilt speziell in Situationen, in denen die Marktteilnehmer komplexe Fragestellungen mit interdependenten Variablen und langfristiger Relevanz beurteilen und „bewerten" müssen.
- In derartigen Fällen ist von systematisch auftretenden „Biases", Schätzfehlern und anderen kognitiven Fehlleistungen auszugehen.
- Diese Verzerrungen und Imperfektionen können dazu führen, dass zukünftige – relativ sicher erwartbare – Entwicklungen, Chancen und Risiken an den Kapitalmärkten **systematisch „übersehen",** „unterschätzt" oder längere Zeit „ausgeblendet" werden.
- Aus derartigen Konstellationen resultieren typische „Blind Spots", die aus Sicht strategischer Marktteilnehmer sowohl große Chancen als auch nicht-triviale Risiken implizieren können.
- In genau umgekehrter Richtung wirken Phänomene wie „Marktmoden", „soziale Infektion", „Marktexpansion" und „Investor Mania".[80]
- Hier tendiert eine zunehmende Anzahl von Marktteilnehmern dazu, oftmals als Folge einfacher Heuristiken und einer grundlegenden Tendenz zum „Überoptimismus", die Zukunftschancen neuartiger Themen, Technologien oder Entwicklungen grotesk zu überschätzen.[81]
- Durch Prozesse einer „sozialen Infektion" und „Marktexpansion" werden immer mehr Investoren von diesem Verhaltensmuster „infiziert"; in der Folge entstehen daraus dann oftmals veritable **„Manien" und „Blasen"** mit hohem destruktivem Potenzial.[82]
- Aus beiden Konstellationen resultieren somit an realen Kapitalmärkten **systematische „Schätzfehler" und „Fehlbewertungen",** die nicht nur ein signifikantes Ausmaß, sondern oftmals sogar systemische Relevanz entwickeln können.

---

[80]Vgl. zu diesen Begriffen und ihrer Bedeutung bereits: Rapp (1997), Behavioral; sowie oben, Abschn. 3.4–6.4.

[81]Die verhaltenswissenschaftlich relevanten Teilaspekte sind hier meist „Overconfidence" und „Illusion of Control"; vgl. dazu grundlegend Rapp (1997), Behavioral; sowie Rapp (2000), Wahnsinn.

[82]Vgl. zu den beschriebenen Abläufen grundlegend Rapp (1997), Behavioral. Für derartige Phänomene ist die Dot.com-Blase des ausgehenden 20. Jh. ein sehr plastisches Beispiel.

Beispiel

So war die „Tulpenmanie" im Holland des 17. Jh. nach ihrem Zusammen-bruch Auslöser für einen finanziellen und wirtschaftlichen Kollaps. Das Plat-zen der „US-Hypotheken-Blase" führte bekanntlich zur großen globalen Finanzkrise der Jahre 2008–2010.

- Das frühzeitige Erkennen und die analytisch „richtige" Klassifikation derarti-ger langfristiger Fehlbewertungen, Trends und Phänomene ist somit ein zen-traler Aspekt bei der Umsetzung und praktischen Anwendung von Methoden der **„Cognitive Finance"**.
- Ein weiterer Schwerpunkt der „Cognitive Finance" liegt auf einem besseren Verständnis und einer tieferen Durchdringung „komplexer" Themen und dyna-mischer Zusammenhänge. Diese haben in der realen Welt eine weitaus größere Relevanz, als von klassischen theoretischen Modellen unterstellt.[83]
- **Komplexe und dynamische Themen** ergeben sich insbesondere aus nicht-linearen, multi-kausalen und multi-direktionalen Problemen und Fragestel-lungen. Diese sind typischerweise durch ein hohes Maß an Interdependenzen, Rückkopplungen und mehrdimensionalen Wirkzusammenhängen gekenn-zeichnet.

Beispiel

Beispielhaft sei hier auf die unüberschaubaren Konsequenzen einer umfassen-den „Energiewende", auf die möglichen wirtschaftlichen und gesellschafts-politischen Auswirkungen einer fortschreitenden „Digitalisierung", auf die zahlreichen systemischen Rückkopplungen der derzeitigen „unkonventionel-len Geldpolitik" („Q.E.") oder auf die mutmaßlichen geopolitischen Effekte einer Neuausrichtung der US-Politik („Trump-Doktrin") verwiesen. All diesen Beispielen ist gemein, dass ihr jeweiliger Ausgangspunkt eine große Anzahl interdependenter, sehr dynamischer und ex ante nur schwer bestimmbarer Kausaleffekte, Wirkmechanismen, Konsequenzen und Rückkopplungen – in Summe also typische „Komplexitäten" – impliziert. Diese sind mit „klassi-schen" Prognoseverfahren und -modellen kaum zu erfassen.

---

[83]Diese These wurde im Rahmen dieser Ausarbeitung bereits eingehend belegt; vgl. dazu insbesondere oben, Abschn. 3.4, 4.4, Kap. 5. sowie Abschn. 6.3–6.6. Sie bildet ferner die Grundlage für wegweisende Arbeiten des Santa Fe Institute und anderer, ähnlich gelagerter Forschungsinitiativen.

- Wie aktuelle Erkenntnisse der **kognitiven Neurowissenschaften,** aber auch experimentelle Studien im Bereich der Psychologie klar zeigen, sind menschliche Gehirne zur Erfassung, Durchdringung und Verarbeitung derartig „komplexer" Strukturen nur sehr unzureichend in der Lage.

- Aus dieser kognitiven Unzulänglichkeit resultiert ein **strukturelles Defizit** hinsichtlich der Analyse, Einschätzung oder gar Prognose „komplizierter" und „interdependenter" Fragestellungen und Sachzusammenhänge.

- Derartige Defizite implizieren somit eine systematische Ignoranz, Unterschätzung oder zumindest Fehleinschätzung von vielfach sehr zentralen Trends und Zukunftsentwicklungen von oftmals hoher systemischer Relevanz.

- Diese Defizite bedeuten aus Sicht der **Informationsökonomie,** dass wesentliche Teile der Informationsstruktur an Kapitalmärkten, aber auch in Wirtschaft und Politik systematisch „unterentwickelt" und chronisch „unvollkommen" sind, oftmals sogar für längere Zeit.

- Dieser Effekt kann zu späterer Zeit abrupte „Neueinschätzungen" und schockartige Anpassungsreaktionen auslösen („Crash", „Sudden Death").[84]

- Derartige zeitverzögert und abrupt eintretende Anpassungen entwickeln oftmals sehr hohe disruptive Energie; im Einzelfall können daraus **Krisen mit systemischem Bedrohungspotenzial** hervorgehen.[85]

- Folglich wäre eine frühzeitige Erkenntnis, ein besseres Verständnis oder eine – zumindest potentiell – qualifiziertere Einschätzung zukünftig möglicher Entwicklungspfade in derartigen Fällen extrem hilfreich.

- Durch „traditionelle" Analyseverfahren und deren oftmals monokausal angelegte Prognosemodelle ist dieses Ziel allerdings nicht zu erreichen.

- Mithilfe **spezieller kognitiver Verfahren** und auf Grundlage **vernetzter** („neuronaler") **Analysemethoden** sind jedoch grundsätzliche Annäherungen an komplexe Fragestellungen sowie eine deutlich verbesserte Durchdringung multikausaler Wirkzusammenhänge möglich.[86]

---

[84]Diese Zusammenhänge wurden bereits ausführlich dargestellt; vgl. dazu oben, Abschn. 6.5 und 6.6; einführend dazu auch bereits Abschn. 3.2.

[85]Ein sehr eindrückliches Beispiel ist die „Große Finanzkrise" der Jahre 2008–2010; in analoger Weise auch der Absturz in die „Große Depression" der 1930er Jahre.

[86]Vgl. dazu grundlegend: FERI Cognitive Finance Institute (www.feri-cognitive-finance-institute.de).

- In der Anwendung und gezielten Entwicklung einer **„neuronal-vernetzten"** **Analyselogik** und entsprechender **Analysesysteme** liegt folglich ein zweiter zentraler Einsatzbereich der **„Cognitive Finance"**.[87]

Im Gegensatz zu anderen Konzepten versucht „Cognitive Finance" dabei nicht, spezifische Ableitungen und Hypothesen als direktionale „Prognosen" zu formulieren. Dieser Versuch wäre, vor dem Hintergrund der mehrfach beschriebenen Unschärfen, Komplexitäten und systemdynamischen Interdependenzen, naiv und wenig zielführend.[88]

Stattdessen arbeitet „Cognitive Finance" in seiner praktischen Umsetzung primär auf Grundlage von **dynamischen Szenarien**. Diese bieten ein wesentlich höheres Ausmaß an intertemporaler Flexibilität und Variabilität. Sie erlauben zudem eine deutlich stärkere Berücksichtigung und Modellierung systemdynamischer Parameter, interdependenter Einflussfaktoren, adaptiver und selbst-referenzieller Verhaltensmuster der jeweiligen Agenten und daraus generierter **rekursiver, oszillierender, „chaotischer" und „disruptiver" System-Zustände** (*„Regimes"*).[89]

„Cognitive Finance" in der hier vorgestellten Form erscheint somit als **zukunftsweisendes Konzept** zur Analyse, Erforschung und Erklärung zahlreicher (aktueller und historisch immer wiederkehrender) Fragestellungen der heutigen Wirtschafts- und Kapitalmarktforschung. Es betont den Grundsatz einer interdisziplinär ausgerichteten Forschungskonzeption und ermöglicht so Antworten auf Fragen, die bisher oftmals in Grenzbereichen unterschiedlicher wissenschaftlicher Teildisziplinen „festhängen". Aufgrund dieser prinzipiell offenen, gleichwohl aber wissenschaftlich sehr stark fundierten Denkweise sollte sich „Cognitive Finance" zukünftig einen festen Platz in der wissenschaftlichen Diskussion sichern.[90]

---

[87]Vgl. dazu grundlegend: FERI Cognitive Finance Institute (www.feri-cognitive-finance-institute.de).

[88]Dennoch folgt ein Großteil der wirtschaftswissenschaftlichen und kapitalmarktrelevanten Forschung noch immer diesem Weg, meist jedoch mit wenig zielführendem Ergebnis.

[89]Vgl. dazu grundlegend: FERI Cognitive Finance Institute (www.feri-cognitive-finance-institute.de).

[90]Dies gilt speziell vor dem Hintergrund der gegenwärtigen „Sinnsuche" im Bereich der Wirtschaftswissenschaften, die sich einer Öffnung und Weiterentwicklung bisheriger Theorien und Annahmen nicht länger verschließen kann; vgl. dazu auch: Häring (2016), Parallelwelt.

„Cognitive Finance" bietet folglich einen geeigneten Rahmen für sinnvolle neue Forschungsansätze und ein weniger dogmatisches Methodenverständnis, idealerweise sogar einen zentralen Ausgangspunkt für den überfälligen **Paradigmenwechsel in der Kapitalmarkttheorie.** In den Worten von Arthur (2000): *„We need to take cognition seriously.* "[91]

6.9   „Cognitive Computing" als technologische Brücke

Jede praktische Anwendung des **„Cognitive Finance"**-Konzeptes basiert nicht nur auf einer Vielzahl von Daten, Variablen, Annahmen, Beobachtungen und Berechnungen, sondern auch auf deren intelligenter und methodenkonformer Verknüpfung. Je nach Art der Fragestellung, Anzahl der Parameter und Länge des relevanten Zeitstrahls erfordert dies eine nicht unbeträchtliche Kapazität zur Analyse, Verarbeitung und Auswertung der relevanten Input-Daten. Analog zum Ausgangsproblem unterliegt somit auch der Vorgang der Problembearbeitung eindeutig dem Faktor „Komplexität".

Grundsätzlich kann dieses Komplexitätsproblem durch eine sinnvolle Strukturierung der Input-Daten deutlich reduziert werden. Im Konzept der „FERI Cognitive Finance" erfolgt als erster Schritt eine primäre Zuordnung zu 6 spezifischen Datenfeldern, den sogenannten „Erkenntnisräumen". Dieser Schritt ermöglicht eine deutliche Reduktion von Komplexität, ohne dabei grundlegende Interdependenzen, synaptische Verknüpfungen und multidimensionale Wirkzusammenhänge außer Acht zu lassen.[92]

Dennoch bleibt ein grundsätzliches Kapazitätsproblem, das stark von der Anzahl der zu erfassenden Variablen, Verknüpfungen und Interdependenzen abhängt. Sofern eine größere Zahl interdependenter Wirkmechanismen berücksichtigt und abgebildet werden soll, bietet sich der Einsatz spezieller Computer-Programme aus dem Umfeld des „Cognitive Computing" an.

▶ Unter dem Begriff **„Cognitive Computing"** werden innovative Entwicklungen der Computerwissenschaft zusammengefasst, die als kognitive Schnittstelle

---

[91]Arthur (2000), Cognition, S. 7.
[92]Vgl. FERI Cognitive Finance Institute (www.feri-cognitive-finance-institute.de).

zwischen dem Prinzip menschlicher Denkprozesse und der Leistungsfähigkeit computergestützter Datenverarbeitung operieren. Die entsprechenden Technologien sind als Vorstufe zur Entwicklung von „Künstlicher Intelligenz" zu interpretieren; sie nutzen vielfach Grundprinzipien **„Neuronaler Netzwerke"** und des **„maschinenbasierten Lernens"** („machine learning").[93]

Software-Werkzeuge des Cognitive Computing ermöglichen eine explizite Modellierung unterschiedlichster Wirkzusammenhänge zwischen vorgegebenen Variablen und Ausgangsdaten. Da hierbei sowohl die Anzahl als auch die Richtung der Beziehungen und Wirkmechanismen nahezu unbeschränkt gewählt werden kann, lassen sich grundsätzlich auch extrem komplexe kausale Verknüpfungen darstellen. Die Art der Verknüpfung ähnelt dabei dem Prinzip „neuronaler Strukturen", mit designierten „Neuronen" und „Synapsen" als zentralen Verknüpfungs- und Steuerungselementen. Dies ermöglicht eine interaktive und „multidimensionale" Abbildung (oder Simulation) selbst hochkomplexer Wirkbeziehungen.[94]

Die schematische Darstellung in Abb. 6.10 verdeutlicht dieses **„neuronale Prinzip"** und seine Grundmuster.[95]

Gleichzeitig können mithilfe dieser Verfahren auch sonst sehr schwer modellierbare Effekte, wie etwa das Auftreten **intertemporaler „Regimewechsel"** oder das **kritische „Aufschaukeln"** und nachfolgende **katastrophale „Umkippen"** eines komplexen Systems, erfasst, analysiert und simuliert werden.

▶ **„Regimewechsel"** sind Veränderungen oder sogar Umkehrungen bestimmter Wirkmechanismen im Zeitablauf, abhängig vom Wert anderer Variablen oder vom übergeordneten Zustand eines Gesamtsystems. **„Aufschaukeln"** entsteht typischerweise aus dem Ablauf dynamischer **„Feedback-Loops"**, also von Prozessen mit hoher Selbstreferenz und Selbstbeschleunigung. Solche Prozesse neigen dazu, in einem späten Stadium „kritisch" zu werden und dann „katastrophal umzukippen".[96]

---

[93]Vgl. dazu grundlegend: Minsky (1961), Artificial. Wie bereits an anderer Stelle gezeigt wurde, zählt „Künstliche Intelligenz" zu den relevanten Teilbereichen der Kognitionswissenschaft; vgl. oben, Abschn. 6.7.

[94]Vgl. dazu beispielhaft die Arbeiten der Softmark AG, München (www.softmark.de).

[95]Quelle: Rapp, H. W., eigene Darstellung, in Anlehnung an gängige Visualisierungen aus dem Bereich der Neuro- und Computerwissenschaften.

[96]Vgl. zu diesen Grundmustern bereits oben, Abschn. 6.4.

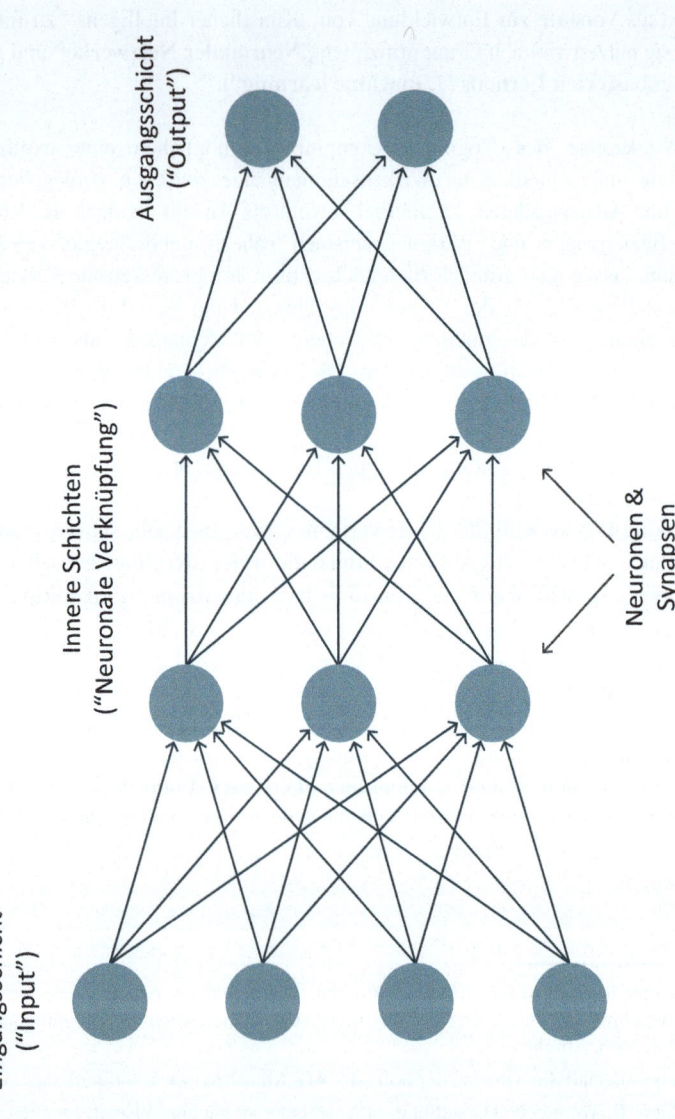

Abb. 6.10 Grundprinzip einer neuronalen Struktur. (Quelle: Eigene Darstellung H.-W. Rapp, in Anlehnung an gängige Darstellungen der Computerwissenschaften 2016)

Beispiel

Aktuelle Beispiele für „Regimewechsel" sind mehrfach veränderte Korrelationsmuster zwischen Aktien und Renten, abhängig von einem eher „inflationären" oder „deflationären" Gesamtszenario. Das „Aufschaukeln" und spätere katastrophale „Umkippen" von Märkten lässt sich bei jedem Markt-Crash der letzten Jahre explizit nachvollziehen.

Die Möglichkeit zur Modellierung und Nachvollziehbarkeit derartiger Systemzustände ist ein entscheidender Vorteil von „Cognitive Computing"-Werkzeugen. Ihr Einsatz hilft, den bereits mehrfach angemahnten Übergang von Modellen der Kapitalmarkttheorie zu Modellen der Systemtheorie und der Komplexitätsforschung auch tatsächlich – sogar im Sinne einer Synthese – bewältigen zu können. Prinzipiell gilt: Die Leistungsfähigkeit der „Cognitive Finance"-Methodik kann durch Einbindung technologisch hochstehender „Cognitive Computing"-Werkzeuge erhöht und grundlegend verstärkt werden.

Der Ansatz des Cognitive Computing ist somit für eine breit angelegte, zukunftsgerichtete Anwendung der Cognitive Finance-Methodik von großer Bedeutung.

Literatur

Acharja, V. V. / Rajan, R. G. (2013; Myopia), Sovereign Debt, Government Myopia, and the Financial Sector, in: The Review of Financial Studies, Vol. 26, No. 6, S. 1526–1560.

Arthur, W. B. (1994; Certainty), The End Of Certainty In Economics, in: Einstein Meets Magritte, D. Aerts, J. Broekaert E. Mathijs, eds. 1999, Kluwer Academic Publishers, Holland, S. 1–6, reprinted in: Clippinger, J.H., The Biology of Business, ed., 1999, Jossey-Bass Publishers.

Arthur, W. B. (1995; Complexity), Complexity in economic and financial markets: Behind the physical institutions and technologies of the marketplace lie the beliefs and expectations of real human beings, in: Complexity, Vol. 1, No. 1, 1995, S. 20–25.

Arthur, W. B. (1999; Complexity), Complexity and the Economy, in: Science, Vol. 284, No. 5439, 1999, S. 107–199.

Arthur, W. B. (2000; Cognition), Cognition: The Black Box of Economics, in: The Complexity Vision and the Teaching of Economics, Colander D., ed., Elgar, E. Publishing, Northampton 2000.

Arthur, W. B. (2005; Out-of-Equilibrium), Out-of-Equilibrium Economics and Agent-Based Modeling, in: SFI Working Paper 2005-09-037.

Arthur, W. B. (2013; Complexity), Complexity Economics: A different Framework for Economic Thought, in: SFI Working Paper 2013-04-012.

Arthur, W. B. (2015; Complexity), Complexity and the Economy, Oxford University Press, New York 2015.

Arthur, W. B. / Durlauf, S. N. / Lane, A. L. (1997; Emergence), Process and Emergence in the Economy, introduction to the book "The Economy as an Evolving Complex System II", edited by Arthur, Durlauf, and Lane, Addison Wesley, Reading, Mass, 1997.

De Long, J. B. / Shleifer, A. / Summers, L. H. / Waldmann, R. J. (1989; Incidence), The size and incidence of the losses from noise trading, in: Journal of Finance, Vol. 44, No. 3, S. 681–696.

Dörner, D. (2003; Logik), Die Logik des Mißlingens, 13. Aufl., Rowohlt Taschenbuch Verlag, Hamburg 2003.

Fama, E. F. (1970; Efficient), Efficient capital markets: A review of theory and empirical work, in: Journal of Finance, Vol. 25, 1970, S. 383–417.

FERI-WWF (2017, Carbon Bubble), Carbon Bubble und Dekarbonisierung – Unterschätzte Risiken für Investoren und Vermögensinhaber, FERI Cognitive Finance Institute, Bad Homburg, 2017.

Gigerenzer, G. / Todd, P. M. / A.B.C. Research Group (1999; Heuristics), Simple Heuristics That Make Us Smart, Oxford University Press, New York 1999.

Häring, Norbert (2016; Parallelwelt), Gefangen in der Parallelwelt, in: Handelsblatt, 14. November 2016, S. 15.

Hagstrom, R. G. (2013; Investing), Investing: The Last Liberal Art, Columbia Business School, 2. Aufl., University Press Group Ltd, New York 2013.

Hayek, F. A. (1952; Sensory), The Sensory Order: An Inquiry into the Foundations of Theoretical Psychology, Routledge & Kegan Paul, London 1952.

Johnson, N. (2007; Complexity), Simply Complexity – A clear guide to complexity theory, Oneworld Publications, Oxford 2007.

Kahnemann, D. (2011; Thinking), Thinking fast and slow, Penguin, London 2011.

Keynes, J. M. (1936; Theorie), Allgemeine Theorie der Beschäftigung, des Zinses und des Geldes (übers. v. Fritz Waeger, Titel des Originals: The general theory of employment, interest and money), Berlin 1936 (zitiert nach der 6. unveränderten Aufl. 1983).

Kutschera, U. (2015; Evolutionsbiologie), Evolutionsbiologie, 4. Aufl., UTB Verlag, Stuttgart 2015.

Lang, A.-S. (2014; Zinseszinseffekt), Da hilft nur der Taschenrechner, unter: http://www.zeit.de/2014/17/zinseszinseffekt-exponentialfunktion, letzter Abruf: 05.05.2017.

Lo, A. W. (2004a; Adaptive), The adaptive markets hypothesis – Market efficiency from an evolutionary perspective, MIT Paper, Entwurf für: Journal of Portfolio Management, 2004.

Lo, A. W. (2004b; Adaptive), The adaptive markets hypothesis – Market efficiency from an evolutionary perspective, in: Journal of Portfolio Management, 2004, S. 15-29.

Lo, A. W. (2005; Behavioral), Reconciling efficient markets with behavioral finance – The adaptive markets hypothesis, in: Journal of investment consulting, Vol. 7, No. 2, 2005.

Mandelbrot, B. B. / Hudson, R. L. (2005; (Mis)behavior), The (Mis)behavior of markets, Basic Books, London 2005.

Miller, G. A. (1956; Number), The Magical Number Seven, Plus or Minus Two – Some Limits on Our Capacity for Processing Information, in: Psychological Review, Vol. 101, No. 2, 1956, S. 343–352.

Miller, G. A. (2003; Revolution), The cognitive revolution: A historical perspective, in: Trends in Cognitive Sciences, Vol. 7, No. 3, März 2003.

Minsky, M. (1961; Artificial), Steps toward artificial intelligence, in: Proceedings of the Institute of Radio Engineers, Vol. 49, No. 1, S. 8–30.

Rapp, H.-W. (1995; Marktverhalten), Der Markt für Aktien-Neuemissionen - Preisbildung, Preisentwicklung und Marktverhalten bei eingeschränkter Informationseffizienz, Diss. Mannheim 1995.

Rapp, H.-W. (1997; Behavioral), Behavioral Finance: Paradigmenwechsel in der Kapitalmarktforschung und Grundlage eines ganzheitlichen Anlagemanagements, GBR Ernst & Young, Bern 1997.

Rapp, H.-W. (2000; Wahnsinn), Der tägliche Wahnsinn hat Methode – Behavioral Finance: Paradigmenwechsel in der Kapitalmarktforschung, in: Jünemann B. /Schellenberger D. S. (Hrsg.), Psychologie für Börsenprofis – Die Macht der Gefühle bei der Geldanlage, Schäffer-Poeschel Verlag, Stuttgart 2000, S. 85–123.

Rapp, H.-W. (2009; Sudden Deaths), "Black Swans", "Long Waves" und "Sudden Deaths" – Die Bedeutung von Zeit und nicht-traditionellen Risikofaktoren im Asset Management, Vortrag beim Feri Institutional Forum, Königstein-Falkenstein, 3. März 2009.

Rapp, H.-W. (2016; Regimewechsel), Droht den Anleihemärkten ein Regimewechsel?, in: Finanz und Wirtschaft Online, 21. Oktober 2016.

Sahlman, W. A. / Stevenson, H. H. (1987; Myopia), Capital Market Myopia, in: Journal of Business Venturing, Vol. 1, No. 1, S. 7–30.

Shiller, R. J. (1989; Fashions), Fashions, fads and bubbles in financial marktes, in: Shiller, R.J., Market volatility, MIT Press, Cambridge (Ma.) / London, S. 49–68.

Shleifer, A. / Vishny, R. W. (1990; Horizons), Equilibrium short horizons of investors and firms, in: American Economic Review (Papers and Proceedings), Vol. 80, No. 2, 1990, S. 148–153.

Sornette, D. (2003; Crash), Why stock markets crash – critical events in complex financial systems, Princeton 2003.

Soros, G. (2003; Alchemy), The Alchemy of Finance, John Wiley & Sons, Hoboken 2003.

Vaga, T. (1990; Coherent), The coherent market hypothesis, in: Financial Analysts Journal, 1990, Nov-Dec, S. 36–49.

Wilson, E. O. (1998; Consilience), Consilience: The Unity of Knowledge, Alfred A. Knopf, New York 1998.

Fazit und Ausblick

Die vorliegende Untersuchung hatte das Ziel, tradierte Grundlagen, Modelle und Paradigmen der derzeitigen Wirtschaftswissenschaften – darunter insbesondere die sogenannte „Moderne Kapitalmarkttheorie" – kritisch zu hinterfragen, offensichtliche Irrtümer und Erklärungsdefizite zu beleuchten und gleichzeitig neue Wege hin zu einer **ganzheitlichen Sicht ökonomischer Systeme** aufzuzeigen.

Im Rahmen der Analyse wurde deutlich, dass die orthodoxen – heute noch immer an Universitäten gelehrten – Gleichgewichtsmodelle der Neoklassik zahlreichen **gravierenden Fehlannahmen** unterliegen. **Sie sind somit systematisch ungeeignet zur Erklärung ökonomischer Phänomene der realen Welt.**

Speziell die **komplexen Eigenschaften realer Kapitalmärkte** und das nicht immer rationale Verhalten realer Finanzmarktteilnehmer liegen aus Sicht der tradierten Kapitalmarktmodelle weitgehend im Dunkeln. Fragen nach Kausalität und Natur dieser Komplexität bleiben weitgehend unbeantwortet.

Die vorliegende Arbeit hatte das Ziel, die vorherrschende Denkblockade im Bereich wirtschaftswissenschaftlicher Theorien zu durchbrechen und durch einen eigenständigen Erklärungsansatz zu ersetzen. Dieser alternative Ansatz basiert explizit auf neueren Erkenntnissen aus Psychologie, Verhaltensökonomie, Neurowissenschaft und Kognitionswissenschaft, wodurch die „menschliche" Dimension und der „kognitive" Aspekt ökonomischer Prozesse stark in den Fokus rücken. Daneben werden auch Sichtweisen der Informationsökonomie, der Marktstrukturtheorie und insbesondere der modernen Komplexitätsforschung gewürdigt und in ein „systemisches" Gesamtkonzept integriert.

Der konzeptionelle Ansatz, wonach auf dieser Basis ein neues – potentiell sehr vielversprechendes – **Erklärungsmodell ökonomischer Prozesse** abgeleitet wird, reflektiert ein **explizit interdisziplinäres Wissenschaftsverständnis.** Die Arbeit folgt hier dem ähnlich gelagerten, dezidiert „offenen"

© Springer Fachmedien Wiesbaden GmbH 2017
H.-W. Rapp und A. Cortés, *Cognitive Finance*,
DOI 10.1007/978-3-658-18643-2_7

Forschungsansatz unkonventioneller Institutionen wie etwa des Santa Fe-Instituts in den USA. Gleichzeitig grenzt sich die Studie – unter Verweis auf das **kartesianische Paradoxon** – sehr deutlich ab von orthodoxen, restriktiven und vielfach extrem dogmatischen Sichtweisen der „klassischen" Kapitalmarkttheorie.

▶ Das im Rahmen dieser Arbeit entwickelte Gesamtkonzept einer „neuen", fortschrittlichen und ganzheitlichen Analytik zum Verständnis und zur besseren Erklärung realer Kapitalmärkte wird als „Cognitive Finance" bezeichnet. **Die analytische Grundstruktur von „Cognitive Finance" ist interdisziplinär ausgerichtet, systemdynamisch orientiert und kognitionstheoretisch fundiert.**

Der Einsatz von Methoden der „Cognitive Finance" scheint speziell im Bereich der nicht-traditionellen Kapitalmarktforschung sowie der sozio-dynamischen Marktmodelle, aber auch mit Blick auf ein realistischeres Verständnis makro- und mikro-ökonomischer Prozesse sehr vielversprechend:

▶ • Mit Blick auf die **Kapitalmarktforschung** bietet die **„Cognitive Finance"**-Methodik ein **leistungsfähiges Konzept** zur Analyse, Erklärung, Identifikation und (partiell) Prognose **komplexer Markt-Phänomene** (wie etwa „Bubbles", „Crashes", „Sudden Deaths", „Blind Spots" etc.).

• Mit Blick auf die **Wirtschaftsforschung** ermöglicht die **„Cognitive Finance"**-Methodik durch **„Vernetzung"** relevanter Themen und Anwendung von Prinzipien der **Komplexitätstheorie** eine wesentlich **umfassendere Durchdringung** ökonomischer **Kausalitäten und Interdependenzen** (Trends, Zyklen, Strukturbrüche, Disruptionen etc.), als dies auf Basis traditioneller ökonomischer oder ökonometrischer Verfahren möglich wäre.

Der mögliche Erkenntnisgewinn aus dem Einsatz der **„Cognitive Finance"-Methodik** sollte demnach nicht unterschätzt werden. Durch zahlreiche Anwendungsbeispiele, praktische Erkenntnisse und konkrete Resultate – wie etwa im Rahmen des FERI Cognitive Finance Institute – wird deren Leistungsfähigkeit eindrücklich bestätigt.[1]

---

[1]Vgl. entsprechende Erfahrungen und Ergebnisse der FERI AG, die Anlass waren zur Gründung des „FERI Cognitive Finance Institute" als spezieller Forschungsplattform (www.feri-cognitive-finance-institute.de).

Literatur

Acharja, V. V./Rajan, R. G. (2013; Myopia), Sovereign Debt, Government Myopia, and the Financial Sector, in: The Review of Financial Studies, Vol. 26, No. 6, S. 1526–1560.

Adler, P. A./Adler, P. (1984; Dynamics), Adler, P. A./Adler P. (Hrsg.), The social dynamics of financial markets, Greenwich (Ct.)/London 1984.

Adler, P. A./Adler, P. (1984; Behavior), The market as collective behavior, in: Adler, P. A./Adler, P. (Hrsg.), The social dynamics of financial markets, Greenwich (Ct.)/London 1984, S. 85–105.

Adler, P. A./Adler, P. (1984; Sociology), Toward a sociology of financial markets, in: Adler, P. A./Adler P. (Hrsg.), The social dynamics of financial markets, Greenwich (Ct.)/London 1984, S. 195–201.

Akerlof, G. A. (1970; "Lemons"), The market for "lemons": Quality uncertainty and the market mechanism, in: Quarterly Journal of Economics, Vol. 84, 1970, S. 488–500.

Akerlof, G. A./Shiller, R. J. (2009; Spirits), Animal Spirits, Princeton University Press, Princeton 2009.

Alchian, A. A. (1950; Uncertainty), Uncertainty, evolution and economic theory, in: Journal of Political Economy, Vol. 58, No. 3, 1950, S. 211–221.

Arrow, K. J./Debreu, G. (1954; Equilibrium), Existence of equilibrium for a competitive economy, in: Econometrica, Vol. 22, No. 3, 1954, S. 265–291.

Arthur, W. B. (1994; Certainty), The End Of Certainty In Economics, in: Einstein Meets Magritte, D. Aerts, J. Broekaert E. Mathijs, eds. 1999, Kluwer Academic Publishers, Holland, S. 1–6, reprinted in: Clippinger, J.H., The Biology of Business, ed., 1999, Jossey-Bass Publishers.

Arthur, W. B. (1995; Complexity), Complexity in economic and financial markets: Behind the physical institutions and technologies of the marketplace lie the beliefs and expectations of real human beings, in: Complexity, Vol. 1, No. 1, 1995, S. 20–25.

Arthur, W. B. (1999; Complexity), Complexity and the Economy, in: Science, Vol. 284, No. 5439, 1999, S. 107–199.

Arthur, W. B. (2000; Cognition), Cognition: The Black Box of Economics, in: The Complexity Vision and the Teaching of Economics, Colander D., ed., Elgar, E. Publishing, Northampton 2000.

Arthur, W. B. (2005; Out-of-Equilibrium), Out-of-Equilibrium Economics and Agent-Based Modeling, in: SFI Working Paper 2005-09-037.

Arthur, W. B. (2013; Complexity), Complexity Economics: A different Framework for Economic Thought, in: SFI Working Paper 2013-04-012.

Arthur, W. B. (2015; Complexity), Complexity and the Economy, Oxford University Press, New York 2015.

Arthur, W. B./Durlauf, S. N./Lane, A. L. (1997; Emergence), Process and Emergence in the Economy, introduction to the book "The Economy as an Evolving Complex System II", edited by Arthur, Durlauf, and Lane, Addison Wesley, Reading, Mass, 1997.

Black, F. (1986; Noise), Noise, in: Journal of Finance, Vol. 41, No. 3, 1986, S. 529–543.

Brickman, P./Campbell, D. (1971; Hedonic), Hedonic relativism and planning the good society, in: M.H. Apley, ed., Adaption Level Theory: A Symposium, Academic Press, New York 1971, S. 287–302.

Camerer, C. (1989; Fads), Bubbles and Fads in Asset Prices, in: Journal of Economic Surveys, Vol. 3, No. 1, 1989, S. 3–41.

Clark, A. (1993; Engines), Associative Engines – Connectionism, Concepts, and Representational Change, A Bradford Book, Massachusetts 1993.

Cootner, P. (1964; Random), The random character of stock market prices, MIT Press, Cambridge 1964.

Cortés, A. (2000; Masse), Die vernetzte Masse – Parteienbildung und Erwartungen an der Börse, in: Jünemann B./Schellenberger D. S. (Hrsg.), Psychologie für Börsenprofis – Die Macht der Gefühle bei der Geldanlage, Schäffer-Poeschel Verlag, Stuttgart 2000, S. 67–82.

Damasio, A. R. (1997; Irrtum), Descartes' Irrtum, 3. Aufl., List Verlag, München 2006.

De Long, J. B./Shleifer, A./Summers, L. H./Waldmann, R. J. (1989; Incidence), The size and incidence of the losses from noise trading, in: Journal of Finance, Vol. 44, No. 3, S. 681–696.

De Long, J. B./Shleifer, A./Summers, L. H./Waldmann, R. J. (1990; Feedback), Positive feedback investment strategies and destabilizing rational speculation, in: Journal of Finance, Vol. 45, No. 2, 1990, S. 379–395.

De Long, J. B./Shleifer, A./Summers, L. H./Waldmann, R. J. (1991; Survival), The survival of noise traders in financial markets, in: Journal of Business, Vol. 64, No. 1, 1991, S. 1–19.

Dimson, E. (1988; Anomalies), Stock market anomalies, Cambridge University Press, Cambridge 1988.

Dörner, D. (2003; Logik), Die Logik des Mißlingens, 13. Aufl., Rowohlt Taschenbuch Verlag, Hamburg 2003.

Eckoldt, M. (2014; Gehirn), Kann das Gehirn das Gehirn verstehen?, 2. Aufl., Carl-Auer Verlag, Heidelberg 2014.

Edelman, G. (1982; Selection), Through a Computer Darkly: Group Selection and Higher Brain Function in: Bulletin – The American Academy of Arts and Sciences, Vol. 36, 1982.

Fama, E. F. (1965; Behavior), The behavior of stock-market prices, in: Journal of Business, Vol. 38, 1965, S. 34–105.

Fama, E. F. (1970; Efficient), Efficient capital markets: A review of theory and empirical work, in: Journal of Finance, Vol. 25, 1970, S. 383–417.

Fama, E. F. (1976; Finance), Foundations of Finance: Portfolio Decisions and Securities Prices, Basic Books, New York 1976.

FERI-WWF (2017, Carbon Bubble), Carbon Bubble und Dekarbonisierung – Unterschätzte Risiken für Investoren und Vermögensinhaber, FERI Cognitive Finance Institute, Bad Homburg, 2017.

Förstl, H. (2012; Mind), The Theory of Mind, 2. Aufl., Springer-Verlag, Berlin/Heidelberg 2012.

Friend, I. (1977; Developments), Recent developments in finance, in: Journal of Banking and Finance, Vol. 1, 1977, S. 103–117.

Fuster, J. (1995; Memory), Memory in the Cerebral Cortex: An Empirical Approach to Neural Networks in Human and Nonhuman Primate, MIT Press, Cambridge 1995.

Gardner, H. (1989; Spur), Dem Denken auf der Spur, deutsche Übersetzung 1989 der englischen Originalausgabe "The Mind's New Science. A History of the Cognitive Revolution.", Basic Books, Cambridge 1985.

Gigerenzer, G./Todd, P. M./A.B.C. Research Group (1999; Heuristics), Simple Heuristics That Make Us Smart, Oxford University Press, New York 1999.

Gilad, Benjamin/Kaish, Stanley (1986; Behavioral), Handbook of behavioral economics, Volume B, Greenwich (Ct.)/London 1986.

Godfrey, M. D./Granger, C. W. J./Morgenstern, O. (1964; Random-Walk), The random-walk hypothesis of stock market behavior, in: Kyklos, Vol. 17, 1964, S. 1–30.

Granger, C. W. J./Morgenstern, O. (1970; Predictability), Predictability of stock market prices, JAI Press, Lexington (Ma.) 1970.

Grossman, S. J./Stiglitz, J. E. (1976; Information), Information and competitive price systems, in: American Economic Review, Vol. 66, No. 2, 1976, S. 246–253.

Grossman, S. J./Stiglitz, J.E. (1980; Impossibility), On the impossibility of informationally efficient markets, in: American Economic Review, Vol. 70, No. 3, 1980, S. 393–408.

Guimaraes, R. M. C./Kingsman, B. G./Taylor, S. J. (1989; Reappraisal), A reappraisal of the efficiency of financial markets, NATO ASI Series, Vol. F 54, Berlin/Heidelberg 1989.

Häring, Norbert (2016; Parallelwelt), Gefangen in der Parallelwelt, in: Handelsblatt, 14. November 2016, S. 15.

Hagstrom, R. G. (2013; Investing), Investing: The Last Liberal Art, Columbia Business School, 2. Aufl., University Press Group Ltd, New York 2013.

Hayek, F. A. (1952; Sensory), The Sensory Order: An Inquiry into the Foundations of Theoretical Psychology, Routledge & Kegan Paul, London 1952.

Hayek, F. A. (1952; Szientismus), Szientismus und das Studium der Gesellschaft, in: Mißbrauch und Verfall der Vernunft, Mohr Siebeck, Tübingen 2004 [1952].

Hayek, F. A. (1996; Anmaßung), Die Anmaßung von Wissen, Mohr Siebeck, Tübingen 1996.

Hellwig, M. F. (1982; Expectations), Rational expectations equilibrium with conditioning on past prices: A mean-variance example, in: Journal of Economic Theory, Vol. 26, 1982, S. 279–312.

Holland, J.H. (2014; Complexity), Complexity: A very short introduction, Oxford University Press, New York 2014.

Jäncke, L. (2013; Neurowissenschaften), Lehrbuch – Kognitive Neurowissenschaften, Hogrefe (vorm. Verlag Hans Huber), Bern 2013.

Jensen, M. C. (1978; Evidence), Some anomalous evidence regarding market efficiency, in: Journal of Financial Economics, Vol. 6, 1978, S. 95–101.

Johnson, N. (2007; Complexity), Simply Complexity – A clear guide to complexity theory, Oneworld Publications, Oxford 2007.

Kahnemann, D. (2011; Thinking), Thinking fast and slow, Penguin, London 2011.

Kahnemann, D./Tversky, A. (1979; Prospect), Prospect theory: An analysis of decision under risk, in: Econometrica, Vol. 47, No. 2, 1979, S. 263–291.

Keynes, J. M. (1936; Theorie), Allgemeine Theorie der Beschäftigung, des Zinses und des Geldes (übers. v. Fritz Waeger, Titel des Originals: The general theory of employment, interest and money), Berlin 1936 (zitiert nach der 6. unveränderten Aufl. 1983).

Kirchgässner, G. (1991; Oeconomicus), Homo oeconomicus – Das ökonomische Modell individuellen Verhaltens und seine Anwendungen in den Wirtschafts- und Sozialwissenschaften, Mohr Siebeck, Tübingen 1991.

Klausner, M. (1984; Behavior), Sociological theory and the behavior of financial markets, in: Adler, P.A./Adler, P. (Hrsg.), The social dynamics of financial markets, Greenwich (Ct.)/London 1984, S. 57–81.

Kuhn, T. S. (1979; Revolutionen), Die Struktur wissenschaftlicher Revolutionen, 2. revid. Aufl. (Titel des Originals: The structure of scientific revolutions), Suhrkamp Verlag, Frankfurt 1979.

Kutschera, U. (2015; Evolutionsbiologie), Evolutionsbiologie, 4. Aufl., UTB Verlag, Stuttgart 2015.

Lachmann, L. (1984; Marktprozess), Marktprozess und Erwartungen, Philosophia Verlag, München 1984.

Lashley, Karl (1929; Brain), Brain mechanisms and intelligence, Chicago 1929.

Lo, A. W. (2004a; Adaptive), The adaptive markets hypothesis – Market efficiency from an evolutionary perspective, MIT Paper, Entwurf für: Journal of Portfolio Management, 2004.

Lo, A. W. (2004b; Adaptive), The adaptive markets hypothesis – Market efficiency from an evolutionary perspective, in: Journal of Portfolio Management, 2004, S. 15–29.

Lo, A. W. (2005; Behavioral), Reconciling efficient markets with behavioral finance – The adaptive markets hypothesis, in: Journal of investment consulting, Vol. 7, No. 2, 2005.

Lucas, R. E. (1981; Prices), Asset prices in an exchange economy, in: Econometrica, Vol. 46, Nr. 6, 1978, S. 1429–1446.

Malkiel, B. G. (1973; Walk), A random walk down Wall street, W.W. Norton & Co., New York 1973.

Mandelbrot, B. B. (1963; Variation), The variation of certain speculative prices, in: Journal of Business, Vol. 34, 1963, S. 392–417 (erneut abgedruckt in: Cootner Paul H. (Hrsg.), The random character of stock market prices, Cambridge 1964, S. 307–332).

Mandelbrot, B. B./Hudson, R. L. (2005; (Mis)behavior), The (Mis)behavior of markets, Basic Books, London 2005.

Markowitz, H. (1952; Portfolio), Portfolio selection, in: Journal of Finance, Vol. 7, 1977, S. 683–694.

Mayer, T. (2016; Kunst), Die neue Kunst Geld anzulegen – Mit Austrian Finance zu einem besseren Portfoliomanagement, FinanzBuch Verlag, München 2016.

Miller, G. A. (1956; Number), The Magical Number Seven, Plus or Minus Two – Some Limits on Our Capacity for Processing Information, in: Psychological Review, Vol. 101, No. 2, 1956, S. 343–352.

Miller, G. A. (2003; Revolution), The cognitive revolution: A historical perspective, in: Trends in Cognitive Sciences, Vol. 7, No. 3, March 2003, S. 141–144.

Minsky, M. (1961; Artificial), Steps toward artificial intelligence, in: Proceedings of the Institute of Radio Engineers, Vol. 49, No. 1, S. 8–30.

Mises, L. v. (1949; Human), Human Action – A treatise on economics, Yale University Press, New Haven 1949.

Morgenstern, O. (1935; Voraussicht), Vollkommene Voraussicht und wirtschaftliches Gleichgewicht, in: Zeitschrift für Nationalökonomie, Band 6, Heft 3, 1935, S. 337–357.

Muth, J. F. (1961; Expectations), Rational expectations and the theory of price movements, in: Econometrica, Vol. 29, No. 3, 1961, S. 315–335.

North, D. C. (1990; Institutions), Institutions, institutional change and economic performance, Cambridge University Press, Cambridge 1990.

Oehler, A. (1991; "Anomalien"), "Anomalien" im Anlageverhalten, in: Die Bank, Nr. 11, 1991, S. 600–607.

Oehler, A. (1992; "Anomalien"), "Anomalien", "Irrationalitäten" oder "Biases" der Erwartungsnutzentheorie und ihre Relevanz für Finanzmärkte, in: Zeitschrift für Bankrecht und Bankwirtschaft, 4. Jg., Nr. 2, 30. Mai 1992, S. 97–124.

Rapp, H.-W. (1993; Kapitalmärkte), Wie effizient sind die Kapitalmärkte wirklich?, in: Finanz und Wirtschaft (Zürich), Nr. 7, 27.1.1993, S. 21.

Rapp, H.-W. (1995; Marktverhalten), Der Markt für Aktien-Neuemissionen – Preisbildung, Preisentwicklung und Marktverhalten bei eingeschränkter Informationseffizienz, Diss. Mannheim 1995.

Rapp, H.-W. (1997; Behavioral), Behavioral Finance: Paradigmenwechsel in der Kapitalmarktforschung und Grundlage eines ganzheitlichen Anlagemanagements, GBR Ernst & Young, Bern 1997.

Rapp, H.-W. (2000; Wahnsinn), Der tägliche Wahnsinn hat Methode – Behavioral Finance: Paradigmenwechsel in der Kapitalmarktforschung, in: Jünemann B./Schellenberger D. S. (Hrsg.), Psychologie für Börsenprofis – Die Macht der Gefühle bei der Geldanlage, Schäffer-Poeschel Verlag, Stuttgart 2000, S. 85–123.

Rapp, H.-W. (2009; Sudden Deaths), "Black Swans", "Long Waves" und "Sudden Deaths" – Die Bedeutung von Zeit und nicht-traditionellen Risikofaktoren im Asset Management, Vortrag beim Feri Institutional Forum, Königstein-Falkenstein, 3. März 2009.

Rapp, H.-W. (2016; Regimewechsel), Droht den Anleihemärkten ein Regimewechsel?, in: Finanz und Wirtschaft Online, 21. Oktober 2016.

Roth, G. (2003; Sicht), Aus Sicht des Gehirns, Suhrkamp Verlag, Frankfurt am Main 2003.

Roth, G. (2007; Entscheidung), Persönlichkeit, Entscheidung und Verhalten: Warum es so schwierig ist, sich und andere zu ändern, Klett-Cotta Verlag, Stuttgart 2007.

Roth, G. (2012; Willensfreiheit); Über objektive und subjektive Willensfreiheit, in: Förstl, H. (Hrsg.), Theory of Mind, S. 214–223.

Sahlman, W. A./Stevenson, H. H. (1987; Myopia), Capital Market Myopia, in: Journal of Business Venturing, Vol. 1, No. 1, S. 7–30.

Seung, S. (2013, Konnektom), Das Konnektom – Erklärt der Schaltplan des Gehirns unser Ich?, Springer Spektrum, Berlin 2013.

Sharpe, W. F. (1964; Prices), Capital asset prices: A theory of market equilibrium under conditions of risk, in: Journal of Finance, Vol. 19, No. 3, 1964, S. 425–442.

Shiller, R. J. (1984; Dynamics), Stock prices and social dynamics, in: Brookings Papers on Economic Activity, Vol. 2, 1984, S. 457–498.

Shiller, R. J. (1989, Fashions), Fashions, fads, and bubbles in financial markets, in: Shiller, R. J., Market volatility, MIT Press, Cambridge (Ma.)/London 1989, S. 49–68.

Shiller, R. J. (1989; Volatility), Market volatility, MIT Press, Cambridge (Ma.)/London 1989.

Shiller, R. J. (2002; Exuberance), Irrational Exuberance, Princeton University Press, Princeton 2002.

Shiller, R. J. (2008; Subprime), Subprime Solution: How Today's Global Financial Crisis Happened, and What to Do About It, University Press Group Ltd., Princeton 2008.

Shleifer, A./Summers, L. H. (1990; Noise), The noise trader approach to finance, in: Journal of Economic Perspectives, Vol. 4, No. 2, 1990, S. 19–33.

Shleifer, A./Vishny, R. W. (1990; Horizons), Equilibrium short horizons of investors and firms, in: American Economic Review (Papers and Proceedings), Vol. 80, No. 2, 1990, S. 148–153.

Simon, H. A. (1962; Complexity), The Architecture of Complexity, in: Proceedings of the American Philosophical Society, Vol. 106, No. 6, 1962, S. 467–482.

Singer, W. (2002; Beobachter), Der Beobachter im Gehirn, Suhrkamp Verlag, Frankfurt am Main 2002.

Sornette, D. (2003; Crash), Why stock markets crash – critical events in complex financial systems, Princeton 2003.

Soros, G. (2003; Alchemy), The Alchemy of Finance, John Wiley & Sons, Hoboken 2003.

Spitznagel, M. (2013; Austrian), The Dao of capital – Austrian investing in a distorted world, John Wiley & Sons, Hoboken 2013.

Tobin, J. (1958; Liquidity), Liquidity preference as behavior towards risk, in: Review of Economic Studies, Vol. 25, 1958, S. 65–86.

Unser, M. (1999; Behavioral), Behavioral Finance am Aktienmarkt, Uhlenbruch Verlag, Bad Soden/Ts. 1999.

Vaga, T. (1990; Coherent), The coherent market hypothesis, in: Financial Analysts Journal, 1990, Nov-Dec, S. 36–49.

Williamson, O. E. (1985; Institutions), The economic institutions of capitalism, Free Press, New York 1985.

Wilson, E. O. (1998; Consilience), Consilience: The Unity of Knowledge, Alfred A. Knopf, New York 1998.

Quellen im Internet

Fn. 152: http://boerse.ard.de/boersenwissen/boersengeschichte-n/fuenf-jahre-flash-crash100.html

Fn. 179: https://www.santafe.edu

Fn. 201: http://tuvalu.santafe.edu/~wbarthur/complexityeconomics

Fn. 214: http://www.zins-zinseszins.de/geschichte-des-josephspfennig

Fn. 225, 240, 241, 243, 246, 252: http://www.feri-cognitive-finance-institute.de

Fn. 248: http://www.softmark.de

The manufacturer's authorised representative in the EU is Springer
Nature Customer Service Centre GmbH, Europaplatz 3, 69115 Heidelberg,
Germany. If you have any concerns regarding our products, please
contact ProductSafety@springernature.com

Printed and bound by CPI Group (UK) Ltd, Croydon, CR0 4YY
27/04/2026
02097570-0005